★★★★★

上市公司合规及资本运作指引

梁 瑾 丁 天◎著

GUIDANCE ON COMPLIANCE

and

CAPITAL OPERATION OF LISTED COMPANIES

法律出版社
LAW PRESS·CHINA
北京

图书在版编目（CIP）数据

上市公司合规及资本运作指引 / 梁瑾，丁天著.
北京：法律出版社，2024. -- ISBN 978-7-5197-9294-7

Ⅰ. F279. 246

中国国家版本馆 CIP 数据核字第 2024ZX7298 号

上市公司合规及资本运作指引
SHANGSHI GONGSI HEGUI JI ZIBEN YUNZUO ZHIYIN

梁 瑾 丁 天 著

责任编辑 韩满春
装帧设计 臧晓飞

出版发行 法律出版社
编辑统筹 学术·对外出版分社
责任校对 王 丰 李景美 张翼羽
责任印制 胡晓雅 宋万春
经 销 新华书店

开本 710 毫米×1000 毫米 1/16
印张 13 **字数** 219 千
版本 2024 年 8 月第 1 版
印次 2024 年 8 月第 1 次印刷
印刷 唐山玺诚印务有限公司

地址：北京市丰台区莲花池西里 7 号(100073)
网址：www. lawpress. com. cn
投稿邮箱：info@ lawpress. com. cn
举报盗版邮箱：jbwq@ lawpress. com. cn

销售电话：010-83938349
客服电话：010-83938350
咨询电话：010-63939796

书号：ISBN 978-7-5197-9294-7
定价：48. 00 元

凡购买本社图书，如有印装错误，我社负责退换。电话：010-83938349

序　言

作为一名在资本市场耕耘二十余年的参与者，我对资本市场的深入了解以及提供证券法律服务的广泛经验，使我有幸与您分享这本源于我实践经验的书籍。在这个充满机遇和变革的领域中，希望这本书能够激发您的思考，并提供对上市公司合规及资本运作的独特洞察。

资本市场是现代经济体系的核心，它不仅是企业融资和投资增长的重要渠道，也是金融体系运转的关键组成部分。近年来，随着证券发行注册制的全面实施，上市公司实际控制人及董监高的法律责任进一步被强化，证券服务机构责任不断被压实。证券"合规"必然是资本市场不断发展中的重要命题，需要每一位证券市场从业者高度重视。

上市公司作为资本市场的重要参与者，不仅面对海量的市场信息和发展机遇，其还需要在极其复杂且充满挑战的环境中，深入理解资本市场的运作机制和监管规则，建立高效的资本运作规范体系及风险防范机制，以便在这个竞争激烈的领域中走得更加长远。

这本书将带领您深入探索资本市场的规范运作机制，同时也将揭示市场中的趋势和动态。我们从上市公司的合规运营与资本运作基础和原则开始讲述，逐步深入上市公司再融资、并购及重大资产重组方案设计的核心要点，并对证券市场常见的违法违规行为及责任后果进行了系统性分析。无论您是一名企业管理者还是资本市场从业者，这本书都将为您提供系统的知识框架和实用的工具，以便您更好地理解和应对公司资本运作的合规及规范问题。

这本书由我和团队历时半年左右完成,在此特别感谢团队丁天律师、王振亭律师、项程凯律师。本书着眼于上市公司在日常经营和资本运作中需要关注的方方面面,除了理论知识,本书还通过实证和案例研究的方式,让您更好地理解实际操作和市场实践。我们对实际操作中发生的代表性案例进行了归纳和总结,希望您能够从中汲取经验并避免常见的错误。

最后,我希望这本书能够为您提供全面的视角和深入的见解,帮助您在竞争激烈的市场环境中发现机会,防范风险,应对挑战,并为您的每一步决策提供可靠的坚实基础。

梁　瑾

目　录

第一篇　上市公司的合规运营与资本运作

第二篇　上市公司资本运作的合规要点

第三篇　责任探究

第一篇

上市公司的合规运营与资本运作

第一章　上市公司合规运营

信息披露

信息是证券市场的核心要素，投资者依据上市公司公开披露的信息进行投资价值判断，但由于证券产品的特殊性，市场交易过程中容易出现“柠檬效应”①。基于此，建立信息披露制度，消除信息不对称，是维护投资者利益、保障证券市场稳定运行的重要基础。上市公司信息披露是指上市公司根据相关法律法规和交易所规定，向投资者、监管机构和公众披露公司经营管理和财务状况等信息的行为。这些信息包括财务报表、年度报告、季度报告、业绩预告、内幕信息等。近年来，证券立法和证券监管实践持续强化对信息披露的要求。2020 年，正式实施的新《证券法》将“信息披露”单独成章，明确了以投资者需求为导向的信息披露要求。2023 年，全面注册制时代正式启幕，以信息披露为中心的原则更为凸显。

信息披露义务人、投资者、监管者三类主体共同参与了信息披露制度，信息披露的意义也可以从上市公司与其他两类主体的关系加以理解。

一方面，在上市公司和投资者之间，信息披露是重要的关系纽带。首先，信息披露是公司透明度和信任建设的关键。信息披露建立和增强了公司与投资者之间的透明度，提高投资者对公司的信任。其次，积极主动地进行信息披露，向投资者和

---

①　指在信息不对称的情况下，往往好的商品遭受淘汰，而劣等品会逐渐占领市场，并取代好的商品，导致市场中都是劣等品。

公众展示良好的企业治理和财务健康状况，有助于提升企业的声誉和形象。因此，合法合规进行信息披露，有利于吸引投资者，从而获得更多投资可能。

另一方面，在上市公司和监管者之间，信息披露是合规的主要抓手。首先，信息披露是上市公司履行监管义务和合规要求的重要手段。遵守信息披露规定有助于监管者维护资本市场秩序，防范操纵市场、内幕交易等违法行为。其次，信息披露也是上市公司及相关主体避免受到处罚的重要依据，合法合规的信息披露是相关信息披露义务人能够在风险事件中"自证清白"的有效佐证。

第一节　上市公司的信息披露范围

信息披露制度围绕信息披露义务展开，信息披露义务是一种由信息披露义务人承担的法定义务，而这一义务的关键在于信息披露的范围。总体来看，信息披露的范围包括强制性信息披露和自愿性信息披露事项，具体内容如下。

一、强制性信息披露

强制性信息披露是由现行法律、行政法规及其他各类规则明确列举或兜底设定的应当披露信息的行为，该行为是可能引发上市公司股票、债券价格波动，进而对投资决策产生较大影响的重大事件，包括发行上市信息披露和持续性信息披露。发行上市信息披露的内容通常包括招股说明书、上市公告书、配股或增发募集说明书等重要文件。持续性信息披露的内容包括定期报告事项和临时报告事项。其中定期报告事项包括年度报告、中期报告、季度报告，而临时报告事项是指报送并公告发生可能对上市公司的股票或上市交易公司债券的交易价格产生较大影响的重大事件。临时报告事项通常可以分为交易性质的事项以及非交易性质的事项，交易性质的事项包括应披露的交易和关联交易等，非交易性质的事项包括股东信息、公司重大信息等。

二、自愿性信息披露

自愿性信息披露的范围应当属于除上述之外的非"较大影响"事件，但除了从性质上不属于特定事件或从数量上未达到具体数值可以明确判断，对于相关信息究竟是属于按照兜底条款强制披露的信息还是属于自愿披露的信息，判断标准较难掌握，故上市公司往往对信息披露具有自主选择权，其内容和形式具有多样性和不确定性。虽然目前的法律法规并未对自愿性披露内容以列举的方式划出明确的范围,但自愿性信息披露要求上市公司应当遵守实事求是、客观中立的原则。常见的自愿性信息披露的内容包括商业信息披露、关键人员变动、负面传闻澄清等与公司经营活动相关或者其他可能对买卖持有公司股票产生影响的事件。

自愿性信息披露虽然名为"自愿",但仍要适用信息披露的责任义务。换言之,这一制度只是将对法定强制性信息披露范围之外的信息重要性的判断交由信息披露义务人自身,一旦事后被查明存在应披露但未披露的情况并造成投资者的利益受损,相关信息披露人仍可能受到处罚。例如,2017 年 6 月,中国证券监督管理委员会(以下简称证监会)对 BLGJ 公司作出行政处罚,在该案中,证监会认为 BLGJ 公司未能及时披露、澄清与公司业务相关的自愿性披露内容,此行为构成信息披露违法。

三、上市公司信息披露的适用规则

我国证券市场建立了以《证券法》等法律为核心,辅之以证监会和交易所规则的上市公司信息披露监管体系。

目前,上市公司信息披露的适用规则可以分为四个层次。第一层次是国家法律,包括《公司法》,《证券法》,《刑法》第六、第七修正案等;第二层次是行政法规,包括《股票发行与交易管理暂行条例》等;第三层次是部门规章,包括《上市公司信息披露管理办法》《上市公司证券发行管理办法》《上市公司收购管理办法》《公开发行证券的公司信息披露内容与格式准则》《公开发行证券公司信息披露编报规则》等;第四层次是自律性规则,包括交易所制定的《股票上市规则》、《规范运作指引》以及自律监管指引、特别规定、办法、细则、通知、指南等。

除《证券法》第 197 条规定的行政处罚外,《上市公司信息披露管理办法》第 52 条规定的监管措施包括责令改正、监管谈话、出具警示函、责令公开说明、责令定期报告、责令暂停或者终止并购重组活动以及依法可以采取的其他监管措施。其中出具警示函和责令改正是各地证监局最常用的行政监管措施。

第二节　上市公司信息披露的合规要点及相关案例

上市公司信息披露合规涉及的规定众多,要处理的信息也异常繁杂,因此,信息披露也成为上市公司日常规范运营中的一个难点。为了履行好信息披露义务,上市公司应当把握真实、准确、完整、及时、公平五要素。真实性是信息披露的首要原则,真实性要求发行人披露的信息必须是客观真实的,而且披露的信息必须与客观发生的事实相一致,发行人要确保所披露的重要事件和财务会计资料有充分的依据。准确性原则要求发行人披露信息必须准确表达其含义,其所引用的财务报告、盈利预测报告应由具有证券期货相关业务资格的会计师事务所审计或审核,所引用的数据应当提供资料来源,事实应充分、客观、公正。完整性原则要求所披露的信息在数量上和性质上能够保证投资者形成足够的投资判断意识。及时性原则包括两个方面:一是定期报告的法定期间不能超越;二是重要事实的及时报告制度,当原有信息发生实质性变化时,信息披露责任主体应及时更改和补充,使投资者获得当前真实有效的信息。任何信息都存在时效性问题,不同的信息披露遵循不同的时间规则。公平披露原则要求上市公司不得选择性披露信息,应平等对待投资者。

此外,上市公司还需关注以下合规要点:

1. 上市公司应当及时、公平地披露信息,并保证其所披露的信息真实、准确、完整,简明清晰、通俗易懂,不得有虚假记载、误导性陈述或者重大遗漏。

2. 上市公司信息披露应当以客观事实或者具有事实基础的判断和意见为依据,如实反映实际情况,不得有虚假记载。

3. 上市公司信息披露应当客观,使用明确、贴切的语言和文字,不得夸大其词,不得有误导性陈述。

4. 上市公司信息披露应当内容完整,充分披露对公司股票及其衍生品种交易价格有较大影响的信息,揭示可能产生的重大风险,不得有选择地披露部分信息,不得有重大遗漏。

5. 上市公司信息披露应当在法定期限内披露重大信息,不得有意选择披露时点。

6. 信息披露应当同时向所有投资者披露,并做好内幕交易防范工作。

7. 自愿披露的信息不得与依法披露的信息相冲突,不得误导投资者。

由于信息披露的复杂性,市场上经常出现上市公司因此受到处罚的案件,现对部分上市公司信息披露的违规典型案例做如下分析:

(一)信息披露未做到真实、准确、完整(定向报告)

某上市公司在 2019 年年报中披露“董事、监事、高级管理人员报酬情况”时,未包含公司于 2019 年 7 月向部分董事、监事、高级管理人员发放的可转债项目奖金,这不符合《公开发行证券的公司信息披露内容与格式准则第 2 号——年度报告的内容与格式》(证监会公告〔2017〕17 号)第 55 条的规定。上述行为导致公司相关定期报告信息披露不准确，违反了《上市公司信息披露管理办法》（证监会令第40号）第2条、第21条的规定。根据《上市公司信息披露管理办法》（证监会令第40号）第59条的规定，中国证券监督管理委员会江苏监管局（以下简称江苏证监局）对该公司采取出具警示函的行政监管措施。

分析提示：年报中要求披露董事、监事、高级管理人员（以下简称董监高）在报告期内以各种形式从公司获得的报酬的合计金额，包括基本工资、奖金等。上市公司在进行年报编制过程中，应根据上述口径进行完整统计，除本案例涉及的奖金构成“报酬”外，如董监高任职期间存在从子公司领取的薪酬等情况，也应合并计算。

（二）未披露公司发生重大损失（临时报告）

2020年11月，经董事长、时任总经理批准，某上市公司对以往年度的库存商品、原材料进行折价销售以回笼资金。2020年11月至12月，公司实现销售收入20.27亿元，销售毛利为-7.53亿元，但公司直至2021年1月30日才披露上述重大损失事项。上述情形违反了《上市公司信息披露管理办法》（证监会令第40号）第2条、第30条的规定。根据《上市公司信息披露管理办法》（证监会令第40号）第58条、第59条和《上市公司信息披露管理办法》（证监会令第182号）第51条、第52条等有关规定，中国证券监督管理委员会广东监管局（以下简称广东证监局）决定对该公司和相关当事人采取出具警示函的行政监管措施。

分析提示：《深圳证券交易所股票上市规则》（2022年修订）第7.7.6条规定，上市公司出现发生重大亏损或者遭受重大损失等使公司面临重大风险情形的，应当及时披露相关情况及对公司的影响。该规则第7.7.11条对“重大损失”的判断标准进行了规定，“本节规定的事项涉及具体金额的，应当参照适用本规则第6.1.2条的规定”。也就是说，上市公司发生重大损失，应参照上市规则中重大交易的金额标准履行披露义务。

（三）选择性披露产品价格调整信息（自愿性信息披露）

某上市公司2020年12月26日披露《全资子公司签订重大合同的公告》并称：公司全资子公司与美国某公司签订《生产协议第二次修订案》，涉及9亿支安全注射针和安全注射器产品，总金额约为5.4亿元。自2021年1月1日起30个月内，将安全注射针和安全注射器的单价提高0.005美元/支，直至美国公司采购达到9亿支上述相关产品。经查，2020年4月，公司全资子公司与美国公司签订《生产协议第一次修订案》，把对美国公司出售安全注射器的单价降低0.005美元/支，但公司未披露上述降价信息。因此，公司对同类事件进行选择性披露,未遵循信息披露一致性原则。中国证券监督管理委员会浙江监管局(以下简称浙江证监局)决定对相关当事人采取出具警示函的监督管理措施。

分析提示:《上市公司信息披露管理办法》(证监会令第 182 号)第 5 条规定,除依法需要披露的信息之外,信息披露义务人可以自愿披露与投资者作出价值判断和投资决策有关的信息,但不得与依法披露的信息相冲突,不得误导投资者。同时,该条还规定自愿性信息披露应当遵守公平原则,保持信息披露的持续性和一致性,不得进行选择性披露。因此,上市公司在披露自愿性信息事项时,应当遵守公平信息披露原则,保持信息披露的完整性、持续性和一致性,避免选择性信息披露、"蹭热点",不得误导投资者。

第三节　内幕信息

根据《刑法》第 180 条关于内幕交易罪、泄露内幕信息罪的规定,证券、期货交易内幕信息的知情人员或者非法获取证券、期货交易内幕信息的人员,在涉及证券的发行,证券、期货交易或者其他对证券、期货交易价格有重大影响的信息尚未公开前,买入或者卖出该证券,或者从事与该内幕信息有关的期货交易,或者泄露该信息,或者明示、暗示他人从事上述交易活动的,可能构成相关犯罪。利用未公开信息交易罪则规定,证券交易所、期货交易所、证券公司、期货经纪公司、基金管理公司、商业银行、保险公司等金融机构的从业人员以及有关监管部门或者行业协会的工作人员,利用因职务便利获取的内幕信息以外的其他未公开的信息,违反规定,从事与该信息相关的证券、期货交易活动,或者明示、暗示他人从事相关交易活动,情节严重的,依照该条第 1 款(内幕交易罪)的规定处罚。

对于内幕信息,法律规定从重要性、公开性两大原则加以定义。根据《证券法》的规定,在证券交易活动中,涉及发行人的经营、财务或者对该发行人证券的市场价格有重大影响的尚未公开的信息为内幕信息。此外,《证券法》(2019 年修订)规定的"重大事件"亦属于内幕信息,"重大事件"具体包括以下情形:

(一)投资者尚未得知的,可能对上市公司、股票在国务院批准的其他全国性证券交易场所交易的公司的股票交易价格产生较大影响的重大事件。

《证券法》第 80 条对发生投资者尚未得知的,可能对上市公司、股票在国务院批准的其他全国性证券交易场所交易的公司的股票交易价格产生较大影响的重大事件包括的情形做了以下规定:

1. 公司的经营方针和经营范围的重大变化；

2. 公司的重大投资行为，公司在一年内购买、出售重大资产超过公司资产总额30%，或者公司营业用主要资产的抵押、质押、出售或者报废一次超过该资产的30%；

3. 公司订立重要合同、提供重大担保或者从事关联交易，可能对公司的资产、负债、权益和经营成果产生重要影响；

4. 公司发生重大债务和未能清偿到期重大债务的违约情况；

5. 公司发生重大亏损或者重大损失；

6. 公司生产经营的外部条件发生的重大变化；

7. 公司的董事、三分之一以上监事或者经理发生变动，董事长或者经理无法履行职责；

8. 持有公司5%以上股份的股东或者实际控制人持有股份或者控制公司的情况发生较大变化，公司的实际控制人及其控制的其他企业从事与公司相同或者相似业务的情况发生较大变化；

9. 公司分配股利、增资的计划，公司股权结构的重要变化，公司减资、合并、分立、解散及申请破产的决定，或者依法进入破产程序、被责令关闭；

10. 涉及公司的重大诉讼、仲裁，股东大会、董事会决议被依法撤销或者宣告无效；

11. 公司涉嫌犯罪被依法立案调查，公司的控股股东、实际控制人、董事、监事、高级管理人员涉嫌犯罪被依法采取强制措施；

12. 国务院证券监督管理机构规定的其他事项。

（二）投资者尚未得知的、可能对上市交易公司债券的交易价格产生较大影响的重大事件。

《证券法》第81条对发生可能对上市交易公司债券的交易价格产生较大影响投资者又尚未得知的重大事件包括的情形做了以下规定：

1. 公司股权结构或者生产经营状况发生重大变化；

2. 公司债券信用评级发生变化；

3. 公司重大资产抵押、质押、出售、转让、报废；

4. 公司发生未能清偿到期债务的情况；

5. 公司新增借款或者对外提供担保超过上年末净资产的20%；

6. 公司放弃债权或者财产超过上年末净资产的10%；

7. 公司发生超过上年末净资产10%的重大损失；

8. 公司分配股利，作出减资、合并、分立、解散及申请破产的决定，或者依法进入破产程序、被责令关闭；

9. 涉及公司的重大诉讼、仲裁；

10. 公司涉嫌犯罪被依法立案调查，公司的控股股东、实际控制人、董事、监事、高级管理人员涉嫌犯罪被依法采取强制措施；

11. 国务院证券监督管理机构规定的其他事项。

因此，虽然信息披露违法违规和内幕交易是两类不同的违法类型，但都围绕信息这一关键衍生。信息披露不仅要求相关信息披露义务人真实、准确、完整、及时、公平地公开披露信息，同样也要求当信息尚未被披露之前，不得将之加以利用进行交易从而牟取不当利益。而对于内幕信息的把握关键在于其产生时点的认定。从案例来看，监管机构对于内幕信息的认定时点有所不同，可能认定的时点晚至交易主体双方合作意向达成，早至交易单方开始研究方案之时。比如，在 2019 年发生的一宗案件中，4 家并购重组交易相关公司召开会议初步讨论收购方案，即被认定为公司的重大投资行为和重大的购置财产的决定。又如，在安徽某公司内幕交易案中，证监会认定的内幕信息敏感期起始点追溯到了涉案公司实控人向股东致函、委托其协助接洽可能的收购买方之时。因此，从目前的监管力度来看，上市公司对于内幕信息的管理和保护应当贯穿于公司决策全流程，避免出现真空地带。

第四节 虚假陈述

上市公司虚假陈述是一种主要的信息披露违法违规类型，具体是指在上市公司的财务报表、公告、广告、业绩预测或其他信息披露文件中，故意或过失地提供不真实、不准确、误导性的陈述或隐瞒重要信息，从而误导投资者、损害投资者利益或影响股票市场的公平、公正和透明。

上市公司虚假陈述从内容上可以分为以下几类：(1)财务虚假陈述。财务虚假陈述包括虚增收入、虚报资产、减少负债、夸大利润等行为，旨在掩盖公司真实的财务状况。这种类型的虚假陈述可能导致投资者对公司的价值产生误解，从而误导他们做出错误的投资决策。(2)业绩虚假陈述。公司可能通过夸大业务成绩、未来预期业绩不实等方式，来增加投资者对公司前景的乐观预期，从而推高股价。然而，如果这些陈述不符合实际情况，就会导致投资者蒙受损失。(3)风险虚假陈述。公司可能隐瞒业务风险或对风险进行淡化描述，使投资者低估投资的风险。这会使投资者在没有充分了解潜在风险的情况下做出决策，可能导致损失。(4)虚假交易。控股股东或公司管理层可能通过虚构交易、人为操纵公司业务或其他手段来干扰公司的财务状况，从而误导投资者。(5)虚假公告或广告。公司可能发布虚假的公告或广告，宣传虚假信息，以吸引更多投资者，推高股价或增加交易量。

从行为方式上，上市公司的虚假陈述则可以分为虚假记载、误导性陈述以及重大遗漏。首先，虚假记载是最为普遍的一类虚假陈述类型。在山东某公司财务造假案中，该公司即通过虚构海外工程项目，虚增收入超过5亿元，相关财务报表出现严重失实记载。其次，误导性陈述通常和"炒作"联系在一起，比如证监会2016年对上海某公司做出行政处罚，即认为该公司在接待机构投资者时，将仅处于初期筹划阶段的业务作了片面和过度的宣传而构成虚假陈述。最后，重大遗漏虽然名为"遗漏"，但其仍然具有相当的严重性。在证监会2017年做出行政处罚决定的一宗案件中，涉案公司正是因未披露一系列重大的关联交易而被处罚。当时，处罚一经作出，大量股民随之提起诉讼，索赔总额超过1亿元。

上市公司虚假陈述的形式多种多样，但核心都是故意或过失地提供不真实或误导性的信息，从而欺骗投资者或影响市场公平。这些行为通常是违反证券交易所规定和金融监管机构监管的，严重的可能会导致刑事处罚。为了保护投资者的利益和市场的稳定，金融监管机构会加强对上市公司信息披露的监管，并进行调查和惩罚虚假陈述行为。

附录：相关法律法规指引

1. 原则性规定

《上市公司信息披露管理办法》第三条　信息披露义务人应当及时依法履行信息披露义务，披露的信息应当真实、准确、完整，简明清晰、通俗易懂，不得有虚假记载、误导性陈述或者重大遗漏。

信息披露义务人披露的信息应当同时向所有投资者披露，不得提前向任何单位和个人泄露。但是，法律、行政法规另有规定的除外。

在内幕信息依法披露前，内幕信息的知情人和非法获取内幕信息的人不得公开或者泄露该信息，不得利用该信息进行内幕交易。任何单位和个人不得非法要求信息披露义务人提供依法需要披露但尚未披露的信息。

证券及其衍生品种同时在境内境外公开发行、交易的，其信息披露义务人在境外市场披露的信息，应当同时在境内市场披露。

《上市公司信息披露管理办法》第七条　信息披露文件包括定期报告、临时报告、招股说明书、募集说明书、上市公告书、收购报告书等。

《上市公司信息披露管理办法》第十二条　上市公司应当披露的定期报告包括年度报告、中期报告。凡是对投资者作出价值判断和投资决策有重大影响的信息，均应当披露。

2. 上市公司实控人、董监高的信息披露义务

《上市公司信息披露管理办法》第三十五条　董事应当了解并持续关注公司生产经营情况、财务状况和公司已经发生的或者可能发生的重大事件及其影响，主动调查、获取决策所需要的资料。

《上市公司信息披露管理办法》第三十六条　监事应当对公司董事、高级管理人员履行信息披露职责的行为进行监督；关注公司信息披露情况，发现信息披露存在违法违规问题的，应当进行调查并提出处理建议。

《上市公司信息披露管理办法》第三十七条　高级管理人员应当及时向董事会报告有关公司经营或者财务方面出现的重大事件、已披露的事件的进展或者变化情况及其他相关信息。

《上市公司信息披露管理办法》第三十八条　董事会秘书负责组织和协调公司信息披露事务，汇集上市公司应予披露的信息并报告董事会，持续关注媒体对公司的报道并主动求证报道的真实情况。董事会秘书有权参加股东大会、董事会会议、监事会会议和高级管理人员相关会议，有权了解公司的财务和经营情况，查阅涉及信息披露事宜的所有文件。董事会秘书负责办理上市公司信息对外公布等相关事宜。

上市公司应当为董事会秘书履行职责提供便利条件，财务负责人应当配合董事会秘书在财务信息披露方面的相关工作。

《上市公司信息披露管理办法》第三十九条　上市公司的股东、实际控制人发生以下事件时，应当主动告知上市公司董事会，并配合上市公司履行信息披露义务：

（一）持有公司百分之五以上股份的股东或者实际控制人持有股份或者控制公司的情况发生较大变化，公司的实际控制人及其控制的其他企业从事与公司相同或者相似业务的情况发生较大变化；

（二）法院裁决禁止控股股东转让其所持股份，任一股东所持公司百分之五以上股份被质押、冻结、司法拍卖、托管、设定信托或者被依法限制表决权等，或

者出现被强制过户风险;

(三)拟对上市公司进行重大资产或者业务重组;

(四)中国证监会规定的其他情形。

应当披露的信息依法披露前,相关信息已在媒体上传播或者公司证券及其衍生品种出现交易异常情况的,股东或者实际控制人应当及时、准确地向上市公司作出书面报告,并配合上市公司及时、准确地公告。

上市公司的股东、实际控制人不得滥用其股东权利、支配地位,不得要求上市公司向其提供内幕信息。

3. 上市公司董监高的书面确认意见义务与异议权

《证券法》第八十二条　发行人的董事、高级管理人员应当对证券发行文件和定期报告签署书面确认意见。

发行人的监事会应当对董事会编制的证券发行文件和定期报告进行审核并提出书面审核意见。监事应当签署书面确认意见。

发行人的董事、监事和高级管理人员应当保证发行人及时、公平地披露信息,所披露的信息真实、准确、完整。

董事、监事和高级管理人员无法保证证券发行文件和定期报告内容的真实性、准确性、完整性或者有异议的,应当在书面确认意见中发表意见并陈述理由,发行人应当披露。发行人不予披露的,董事、监事和高级管理人员可以直接申请披露。

《上市公司信息披露管理办法》第十六条　定期报告内容应当经上市公司董事会审议通过。未经董事会审议通过的定期报告不得披露。

公司董事、高级管理人员应当对定期报告签署书面确认意见,说明董事会的编制和审议程序是否符合法律、行政法规和中国证监会的规定,报告的内容是否能够真实、准确、完整地反映上市公司的实际情况。

监事会应当对董事会编制的定期报告进行审核并提出书面审核意见。监事应当签署书面确认意见。监事会对定期报告出具的书面审核意见,应当说明董事会的编制和审议程序是否符合法律、行政法规和中国证监会的规定,报告的内容是否能够真实、准确、完整地反映上市公司的实际情况。

董事、监事无法保证定期报告内容的真实性、准确性、完整性或者有异议的,应当在董事会或者监事会审议、审核定期报告时投反对票或者弃权票。

董事、监事和高级管理人员无法保证定期报告内容的真实性、准确性、完整性或者有异议的,应当在书面确认意见中发表意见并陈述理由,上市公司应当披露。上市公司不予披露的,董事、监事和高级管理人员可以直接申请披露。

董事、监事和高级管理人员按照前款规定发表意见,应当遵循审慎原则,其保证定期报告内容的真实性、准确性、完整性的责任不仅因发表意见而当然免除。

《上市公司信息披露管理办法》第五十四条　信息披露义务人未按照《证券法》规定在规定期限内报送有关报告、履行信息披露义务,或者报送的报告、披露的信息有虚假记载、误导性陈述或者重大遗漏的,由中国证监会按照《证券法》第一百九十七条处罚。

上市公司通过隐瞒关联关系或者采取其他手段,规避信息披露、报告义务的,由中国证监会按照《证券法》第一百九十七条处罚。

4. 上市公司定期报告的主要内容

《上市公司信息披露管理办法》第十二条　上市公司应当披露的定期报告包括年度报告、中期报告。凡是对投资者作出价值判断和投资决策有重大影响的信息,均应当披露。

年度报告中的财务会计报告应当经符合《证券法》规定的会计师事务所审计。

《上市公司信息披露管理办法》第十三条　年度报告应当在每个会计年度结束之日起四个月内,中期报告应当在每个会计年度的上半年结束之日起两个月内编制完成并披露。

《上市公司信息披露管理办法》第十四条　年度报告应当记载以下内容:

(一)公司基本情况;

(二)主要会计数据和财务指标;

(三)公司股票、债券发行及变动情况,报告期末股票、债券总额、股东总数,公司前十大股东持股情况;

(四)持股百分之五以上股东、控股股东及实际控制人情况;

(五)董事、监事、高级管理人员的任职情况、持股变动情况、年度报酬情况;

(六)董事会报告;

(七)管理层讨论与分析;

(八)报告期内重大事件及对公司的影响;

(九)财务会计报告和审计报告全文;

(十)中国证监会规定的其他事项。

《上市公司信息披露管理办法》第十五条　中期报告应当记载以下内容：

（一）公司基本情况；

（二）主要会计数据和财务指标；

（三）公司股票、债券发行及变动情况、股东总数、公司前十大股东持股情况，控股股东及实际控制人发生变化的情况；

（四）管理层讨论与分析；

（五）报告期内重大诉讼、仲裁等重大事件及对公司的影响；

（六）财务会计报告；

（七）中国证监会规定的其他事项。

5. 上市公司临时报告的主要内容

《证券法》第八十条　发生可能对上市公司、股票在国务院批准的其他全国性证券交易场所交易的公司的股票交易价格产生较大影响的重大事件，投资者尚未得知时，公司应当立即将有关该重大事件的情况向国务院证券监督管理机构和证券交易场所报送临时报告，并予公告，说明事件的起因、目前的状态和可能产生的法律后果。

前款所称重大事件包括：

（一）公司的经营方针和经营范围的重大变化；

（二）公司的重大投资行为，公司在一年内购买、出售重大资产超过公司资产总额百分之三十，或者公司营业用主要资产的抵押、质押、出售或者报废一次超过该资产的百分之三十；

（三）公司订立重要合同、提供重大担保或者从事关联交易，可能对公司的资产、负债、权益和经营成果产生重要影响；

（四）公司发生重大债务和未能清偿到期重大债务的违约情况；

（五）公司发生重大亏损或者重大损失；

（六）公司生产经营的外部条件发生的重大变化；

（七）公司的董事、三分之一以上监事或者经理发生变动，董事长或者经理无法履行职责；

（八）持有公司百分之五以上股份的股东或者实际控制人持有股份或者控制公司的情况发生较大变化，公司的实际控制人及其控制的其他企业从事与公司相同或者相似业务的情况发生较大变化；

（九）公司分配股利、增资的计划，公司股权结构的重要变化，公司减资、合并、分立、解散及申请破产的决定，或者依法进入破产程序、被责令关闭；

（十）涉及公司的重大诉讼、仲裁，股东大会、董事会决议被依法撤销或者宣告无效；

（十一）公司涉嫌犯罪被依法立案调查，公司的控股股东、实际控制人、董事、监事、高级管理人员涉嫌犯罪被依法采取强制措施；

（十二）国务院证券监督管理机构规定的其他事项。

公司的控股股东或者实际控制人对重大事件的发生、进展产生较大影响的，应当及时将其知悉的有关情况书面告知公司，并配合公司履行信息披露义务。

《证券法》第八十一条　发生可能对上市交易公司债券的交易价格产生较大影响的重大事件，投资者尚未得知时，公司应当立即将有关该重大事件的情况向国务院证券监督管理机构和证券交易场所报送临时报告，并予公告，说明事件的起因、目前的状态和可能产生的法律后果。

前款所称重大事件包括：

（一）公司股权结构或者生产经营状况发生重大变化；

（二）公司债券信用评级发生变化；

（三）公司重大资产抵押、质押、出售、转让、报废；

（四）公司发生未能清偿到期债务的情况；

（五）公司新增借款或者对外提供担保超过上年末净资产的百分之二十；

（六）公司放弃债权或者财产超过上年末净资产的百分之十；

（七）公司发生超过上年末净资产百分之十的重大损失；

（八）公司分配股利，作出减资、合并、分立、解散及申请破产的决定，或者依法进入破产程序、被责令关闭；

（九）涉及公司的重大诉讼、仲裁；

（十）公司涉嫌犯罪被依法立案调查，公司的控股股东、实际控制人、董事、监事、高级管理人员涉嫌犯罪被依法采取强制措施；

（十一）国务院证券监督管理机构规定的其他事项。

《上市公司信息披露管理办法》第二十二条　发生可能对上市公司证券及其衍生品种交易价格产生较大影响的重大事件，投资者尚未得知时，上市公司应当立即披露，说明事件的起因、目前的状态和可能产生的影响。

前款所称重大事件包括：

（一）《证券法》第八十条第二款规定的重大事件；

（二）公司发生大额赔偿责任；

（三）公司计提大额资产减值准备；

（四）公司出现股东权益为负值；

（五）公司主要债务人出现资不抵债或者进入破产程序，公司对相应债权未提取足额坏账准备；

（六）新公布的法律、行政法规、规章、行业政策可能对公司产生重大影响；

（七）公司开展股权激励、回购股份、重大资产重组、资产分拆上市或者挂牌；

（八）法院裁决禁止控股股东转让其所持股份；任一股东所持公司百分之五以上股份被质押、冻结、司法拍卖、托管、设定信托或者被依法限制表决权等，或者出现被强制过户风险；

（九）主要资产被查封、扣押或者冻结；主要银行账户被冻结；

（十）上市公司预计经营业绩发生亏损或者发生大幅变动；

（十一）主要或者全部业务陷入停顿；

（十二）获得对当期损益产生重大影响的额外收益，可能对公司的资产、负债、权益或者经营成果产生重要影响；

（十三）聘任或者解聘为公司审计的会计师事务所；

（十四）会计政策、会计估计重大自主变更；

（十五）因前期已披露的信息存在差错、未按规定披露或者虚假记载，被有关机关责令改正或者经董事会决定进行更正；

（十六）公司或者其控股股东、实际控制人、董事、监事、高级管理人员受到刑事处罚，涉嫌违法违规被中国证监会立案调查或者受到中国证监会行政处罚，或者受到其他有权机关重大行政处罚；

（十七）公司的控股股东、实际控制人、董事、监事、高级管理人员涉嫌严重违纪违法或者职务犯罪被纪检监察机关采取留置措施且影响其履行职责；

（十八）除董事长或者经理外的公司其他董事、监事、高级管理人员因身体、工作安排等原因无法正常履行职责达到或者预计达到三个月以上，或者因涉嫌违法违规被有权机关采取强制措施且影响其履行职责；

（十九）中国证监会规定的其他事项。

上市公司的控股股东或者实际控制人对重大事件的发生、进展产生较大影响的，应当及时将其知悉的有关情况书面告知上市公司，并配合上市公司履行信息披露义务。

6. 自愿披露制度

《证券法》第八十四条　除依法需要披露的信息之外，信息披露义务人可以自愿披露与投资者作出价值判断和投资决策有关的信息，但不得与依法披露的信息相冲突，不得误导投资者。

发行人及其控股股东、实际控制人、董事、监事、高级管理人员等作出公开承诺的，应当披露。不履行承诺给投资者造成损失的，应当依法承担赔偿责任。

《上市公司信息披露管理办法》第五条　除依法需要披露的信息之外，信息披露义务人可以自愿披露与投资者作出价值判断和投资决策有关的信息，但不得与依法披露的信息相冲突，不得误导投资者。

信息披露义务人自愿披露的信息应当真实、准确、完整。自愿性信息披露应当遵守公平原则，保持信息披露的持续性和一致性，不得进行选择性披露。

信息披露义务人不得利用自愿披露的信息不当影响公司证券及其衍生品种交易价格，不得利用自愿性信息披露从事市场操纵等违法违规行为。

7. 信息披露违法责任

《上市公司信息披露管理办法》第五十一条　上市公司董事、监事、高级管理人员应当对公司信息披露的真实性、准确性、完整性、及时性、公平性负责，但有充分证据表明其已经履行勤勉尽责义务的除外。

上市公司董事长、经理、董事会秘书，应当对公司临时报告信息披露的真实性、准确性、完整性、及时性、公平性承担主要责任。

上市公司董事长、经理、财务负责人应当对公司财务会计报告的真实性、准确性、完整性、及时性、公平性承担主要责任。

《证券法》第八十五条　信息披露义务人未按照规定披露信息，或者公告的证券发行文件、定期报告、临时报告及其他信息披露资料存在虚假记载、误导性陈述或者重大遗漏，致使投资者在证券交易中遭受损失的，信息披露义务人应当承担赔偿责任；发行人的控股股东、实际控制人、董事、监事、高级管理人员和其他直接责任人员以及保荐人、承销的证券公司及其直接责任人员，应当与发行人承担连带赔偿责任，但是能够证明自己没有过错的除外。

《证券法》第一百九十七条　信息披露义务人未按照本法规定报送有关报告或者履行信息披露义务的，责令改正，给予警告，并处以五十万元以上五百万元以下的罚款；对直接负责的主管人员和其他直接责任人员给予警告，并处以二十万元以上二百万元以下的罚款。发行人的控股股东、实际控制人组织、指使从事上述违法行为，或者隐瞒相关事项导致发生上述情形的，处以五十万元以上五百万元以下的罚款；对直接负责的主管人员和其他直接责任人员，处以二十万元以上二百万元以下的罚款。

信息披露义务人报送的报告或者披露的信息有虚假记载、误导性陈述或者重大遗漏的，责令改正，给予警告，并处以一百万元以上一千万元以下的罚款；对直接负责的主管人员和其他直接责任人员给予警告，并处以五十万元以上五百万元以下的罚款。发行人的控股股东、实际控制人组织、指使从事上述违法行为，或者隐瞒相关事项导致发生上述情形的，处以一百万元以上一千万元以下的罚款；对直接负责的主管人员和其他直接责任人员，处以五十万元以上五百万元以下的罚款。

《刑法》第一百六十一条　依法负有信息披露义务的公司、企业向股东和社会公众提供虚假的或者隐瞒重要事实的财务会计报告，或者对依法应当披露的其他重要信息不按照规定披露，严重损害股东或者其他人利益，或者有其他严重情节的，对其直接负责的主管人员和其他直接责任人员，处五年以下有期徒刑或者拘役，并处或者单处罚金；情节特别严重的，处五年以上十年以下有期徒刑，并处罚金。

前款规定的公司、企业的控股股东、实际控制人实施或者组织、指使实施前款行为的，或者隐瞒相关事项导致前款规定的情形发生的，依照前款的规定处罚。

犯前款罪的控股股东、实际控制人是单位的，对单位判处罚金，并对其直接负责的主管人员和其他直接责任人员，依照第一款的规定处罚。

《最高人民检察院、公安部关于公安机关管辖的刑事案件立案追诉标准的规定(二)》第六条　［违规披露、不披露重要信息案(《刑法》第一百六十一条)］依法负有信息披露义务的公司、企业向股东和社会公众提供虚假的或者隐瞒重要事实的财务会计报告，或者对依法应当披露的其他重要信息不按照规定披露，涉嫌下列情形之一的，应予立案追诉：

(一)造成股东、债权人或者其他人直接经济损失数额累计在一百万元以上的；

(二)虚增或者虚减资产达到当期披露的资产总额百分之三十以上的；

(三)虚增或者虚减营业收入达到当期披露的营业收入总额百分之三十以上的；

(四)虚增或者虚减利润达到当期披露的利润总额百分之三十以上的；

（五）未按照规定披露的重大诉讼、仲裁、担保、关联交易或者其他重大事项所涉及的数额或者连续十二个月的累计数额达到最近一期披露的净资产百分之五十以上的；

（六）致使不符合发行条件的公司、企业骗取发行核准或者注册并且上市交易的；

（七）致使公司、企业发行的股票或者公司、企业债券、存托凭证或者国务院依法认定的其他证券被终止上市交易的；

（八）在公司财务会计报告中将亏损披露为盈利，或者将盈利披露为亏损的；

（九）多次提供虚假的或者隐瞒重要事实的财务会计报告，或者多次对依法应当披露的其他重要信息不按照规定披露的；

（十）其他严重损害股东、债权人或者其他人利益，或者有其他严重情节的情形。

8. 内幕交易违法责任

《证券法》第一百九十一条　证券交易内幕信息的知情人或者非法获取内幕信息的人违反本法第五十三条的规定从事内幕交易的，责令依法处理非法持有的证券，没收违法所得，并处以违法所得一倍以上十倍以下的罚款；没有违法所得或者违法所得不足五十万元的，处以五十万元以上五百万元以下的罚款。单位从事内幕交易的，还应当对直接负责的主管人员和其他直接责任人员给予警告，并处以二十万元以上二百万元以下的罚款。国务院证券监督管理机构工作人员从事内幕交易的，从重处罚。

违反本法第五十四条的规定，利用未公开信息进行交易的，依照前款的规定处罚。

《刑法》第一百八十条　证券、期货交易内幕信息的知情人员或者非法获取证券、期货交易内幕信息的人员，在涉及证券的发行，证券、期货交易或者其他对证券、期货交易价格有重大影响的信息尚未公开前，买入或者卖出该证券，或者从事与该内幕信息有关的期货交易，或者泄露该信息，或者明示、暗示他人从事上述交易活动，情节严重的，处五年以下有期徒刑或者拘役，并处或者单处违法所得一倍以上五倍以下罚金；情节特别严重的，处五年以上十年以下有期徒刑，并处违法所得一倍以上五倍以下罚金。

单位犯前款罪的，对单位判处罚金，并对其直接负责的主管人员和其他直接责任人员，处五年以下有期徒刑或者拘役。

内幕信息、知情人员的范围，依照法律、行政法规的规定确定。

证券交易所、期货交易所、证券公司、期货经纪公司、基金管理公司、商业银行、保险公司等金融机构的从业人员以及有关监管部门或者行业协会的工作人员，利用因职务便利获取的内幕信息以外的其他未公开的信息，违反规定，从事与该信息相关的证券、期货交易活动，或者明示、暗示他人从事相关交易活动，情节严重的，依照第一款的规定处罚。

规范运作

第一节 “三会”治理

一、上市公司“三会”的构成、功能及职权

在现有《公司法》与上市公司监管体系下，上市公司“三会”是指公司的股东会、董事会、监事会。股东会由全体股东组成，所体现的是所有者对公司的最终所有权，是公司的最高权力机构。董事会由公司股东会选举的董事组成，对公司的发展目标和重大经营活动做出决策，维护出资人的权益，是公司的决策与执行机构。监事会是公司的监督机构，对公司的财务和董事、经营者的行为发挥监督作用。

股东会和董事会负责对公司事务做出决策。“三会”的基本权责反映出股东会作为公司最高权力机构的地位。然而，由于股东会并非公司常设机构，且召开程序烦琐，因此股东会一般只审议公司战略性、方向性的重大事项，较少参与公司具体事务（日常经营管理）的决策。公司具体经营管理的政策制定和规划发展的职责则由董事会承担。基于这一职责分工，上市公司的每位董事都应当具备相应的专业能力，了解公司具体经营业务和发展状况，尤其是兼任公司总经理、副总经理或财务总监的董事，对公司的实际经营情况更需要做到了如指掌。如此来看，董事会是公司业务发展、经营管理、财务规划等具体经营政策的制定者，并有权任命公司高级管理人员执行相关政策和决议，股东大会则负责决定公司经营方针和投资计划，同时承担审批董事会、监事会报告以及选举和更换非职工董事、监事等职能。

监事会负责监督董事会行使职能。鉴于上市公司董事会（包括其聘任的高级管理人员）拥有公司的经营管理权而股东大会亦非常设机构，为了维护公司权益保护股东利益，避免董事会权力滥用，公司需设立监事会，由监事会监督董事会对各项政策的制定和权力的行使。

由此可见，“三会”的一般运作方式是先由董事会制定重大事项的方案或政策，部分重大方案或政策需提交股东大会审议，由股东会作出同意或反对的决策

意见,监事会则对董事会制定和执行重大方案进行监督。"三会"各司其职,权责分明,支撑起现代公司的基本治理结构。

二、上市公司"三会"治理的适用规则及相关案例

(一)"三会"治理适用规则

除《公司法》对公司"三会"的召集、召开、表决等进行基础性规定外,中国证监会颁布了《上市公司章程指引》,该指引在规范上市公司章程内容的同时,又根据上市公司"三会"的特殊性进一步细化、规范了"三会"的召集、召开程序,补充了审议事项和相关权限。

此外,上市公司还需根据所在交易所制定的股票上市规则(上市公司规范运作指引)以及各类监管指引的规定进一步健全"三会"治理。

国有企业还需要根据国务院办公厅发布的《关于进一步完善国有企业法人治理结构的指导意见》(国办发〔2017〕36 号)、中共中央办公厅印发的《关于中央企业在完善公司治理中加强党的领导的意见》等规定,建立党委会完善国有企业"三会"治理。

(二)"三会"治理的规则要点

1. 原则性要求

根据《公司法》、各交易所制定的股票上市规则及监管指引的要求,上市公司应当建立健全有效的治理结构,形成科学有效的职责分工和制衡机制,强化内部和外部监督制衡,保证内部控制制度的完整性、合理性及有效性。

(1)科学合理性

上市公司应当确保股东大会、董事会、监事会等机构合法运作和科学决策,保证公司经营管理合法合规、资金资产安全以及信息披露真实、准确、完整,维护公司及股东的合法权益。

(2)独立性要求

公司的董事会、监事会应当独立运作,独立行使决策权、经营管理权与监督权,不得与控股股东、实际控制人及其关联人存在机构混同等影响公司独立经营的情形,保证人员、资产、财务分开,保证机构、业务独立。

2. 上市公司"三会"运行特别注意事项

(1)股东大会

上市公司董事会、独立董事、持有 1%以上有表决权股份的股东或者依照法律法规设立的投资者保护机构公开请求股东委托其代为行使提案权、表决权等

的,征集人应当依规披露征集公告和相关征集文件,不得以有偿或者变相有偿方式公开征集股东权利,上市公司应当予以配合。

上市公司应在股东大会结束当日披露股东大会决议公告。股东大会决议公告应包括会议召开的时间、地点、方式,召集人、出席会议的股东(代理人)人数、所持(代理)股份及占上市公司有表决权股份总数的比例,以及每项提案的表决方式、每项提案的表决结果、法律意见书的结论性意见等。

当股东大会审议影响中小投资者利益的重大事项时,应当对除上市公司董事、监事、高级管理人员以及单独或者合计持有上市公司5%以上股份的股东外的其他股东的表决单独计票并披露。

上市公司股东大会应当由律师对会议的召集和召开、出席会议人员的资格、召集人资格、表决程序(股东回避等情况)以及表决结果等事项是否合法、有效发表意见。法律意见书应当与股东大会决议公告同时披露。

(2)董事会

上市公司的董事会决议应当经与会董事签字确认,并制作董事会会议记录留底备查。

董事会决议公告应当包括会议通知发出的时间和方式、会议召开的时间、地点和方式、委托他人出席和缺席的董事人数和姓名、缺席的理由和受托董事姓名、每项议案的表决结果以及有关董事反对或者弃权的理由等。

上市公司董事会成员中应当至少包括三分之一独立董事,其中一名独立董事必须为会计专业人士。上市公司发生的关联交易应当先提请独立董事审议,经独立董事事先认可后方可提交董事会审议。同时,上市公司董事会、股东大会审议的重大事项均需要独立董事发表意见。

上市公司董事会下设立审计委员会,内部审计部门对审计委员会负责,向审计委员会报告工作。公司可以设立战略、提名、薪酬与考核等专门委员会。专门委员会成员全部由董事组成,其中审计委员会、提名委员会、薪酬与考核委员会中独立董事应当占多数并担任召集人,审计委员会的召集人应当为会计专业人士。

(3)内部审计部

上市公司审计委员会下设内部审计部。内部审计部门对公司内部控制制度的建立和实施、公司财务信息的真实性和完整性等情况进行检查监督。内部审计部门不得置于财务部门的领导之下,或者与财务部门合署办公。审计委员会监督及评估内部审计工作。内部审计部门对审计委员会负责,向审计委员会报告工作。

内部审计部门应当履行以下主要职责:①对上市公司各内部机构、控股子公司以及对上市公司具有重大影响的参股公司的内部控制制度的完整性、合理性及其实施的有效性进行检查和评估;②对上市公司各内部机构、控股子公司、对上市公司具有重大影响的参股公司的会计资料及其他有关经济资料,以及其所反映的财务收支及有关的经济活动的合法性、合规性、真实性和完整性进行审计,包括但不限于财务报告、业绩快报、自愿披露的预测性财务信息等;③协助建立健全反舞弊机制,确定反舞弊的重点领域、关键环节和主要内容,并在内部审计过程中合理关注和检查可能存在的舞弊行为;④至少每季度向董事会或者审计委员会报告一次,内容包括但不限于内部审计计划的执行情况以及内部审计工作中发现的问题。

上市公司应当根据自身经营特点和实际状况制定公司内部控制自查制度和年度内部控制自查计划。内部审计应当涵盖公司经营活动中与财务报告和信息披露事务相关的所有业务环节,包括销货与收款、采购及付款、存货管理、固定资产管理、资金管理、投资与融资管理、人力资源管理、信息系统管理和信息披露事务管理等。

(4)监事会

同董事会一样,监事会决议也需经与会监事签字确认并制作监事会会议记录留底备查。监事会决议公告应当包括会议通知发出的时间和方式、会议召开的时间、地点和方式、委托他人出席和缺席的监事情况、每项议案的表决结果,以及有关监事反对或者弃权的理由、审议事项的具体内容和会议形成的决议等。

(5)国有企业党委会的特别规定

根据国务院办公厅发布的《关于进一步完善国有企业法人治理结构的指导意见》(国办法〔2017〕36号)、中共中央办公厅印发的《关于中央企业在完善公司治理中加强党的领导的意见》的规定,除依照法律法规和公司章程建立股东会、董事会、监事会、职工代表大会等组织机构外,国有公司还要建立企业党委会。企业党委会是党的组织体系的重要组成部分,在公司治理结构中具有法定地位,在企业发挥把方向、管大局、促落实的领导作用。因此,国有企业的"三重一大"事项在提交董事会、股东大会审议前均需要通过党委会的前置审批,一般包括:①涉及党的建设、落实党中央决策部署、企业重要人事任免等重大决策由党委研究决定,董事会、经营管理层按程序办理;②"三重一大"事项。对于依据法律法规、监管机构要求和企业管控模式，应由董事会、经营管理层决定的重大经营管理事项，需由党委前置研究讨论。

（三）相关案例

案例一：控股股东为侵占上市公司资产与上市公司发生关联交易、其关联担保。其关联交易、关联担保均未履行相应的“三会”决策程序及信息披露义务。

2016年至2019年，在未经上市公司内部决策程序的情况下，上市公司向控股股东及其关联方提供资金且未及时进行信息披露，具体情况如下：

2016年上市公司累计向控股股东及其关联方提供资金78,546.00万元，当期转回78,546.00万元；2017年上市公司累计向控股股东及其关联方提供资金248,305.37万元，当期转回248,305.37万元；2018年上市公司累计向控股股东及其关联方提供资金340,615.03万元，当期转回340,615.03万元；2019年上市公司累计向控股股东及其关联方转出资金676,691.74万元，当期转回479,184.93万元。

2017年至2019年，上市公司在未经过“三会”决策审批程序或授权程序的情况下，向控股股东及其关联方提供担保且未及时进行信息披露，具体情况如下：

2017年上市公司提供8笔担保，合计金额38,820.00万元；2018年上市公司提供1笔担保，金额为2000.00万元；2019年上市公司提供2笔担保，合计金额为4500.00万元。

监管部门认为上市公司、控股股东、实际控制人、部分董事、监事、高级管理人员均违反《证券法》的相关规定，故处罚如下：责令上市公司改正，给予警告，并处以60万元罚款；对实际控制人、部分董事、监事、高级管理人处以5万元至90万元不等的罚款。同时，监管部门还认定上市公司实际控制人违法行为恶劣，严重损害投资者利益，依据《证券法》《证券市场禁入规定》的相关规定，对之采取10年证券市场禁入措施。在禁入期间内，除不得继续在原机构从事证券业务或者担任原上市公司、非上市公众公司董事、监事、高级管理人员职务外，也不得在其他任何机构中从事证券业务或者担任其他上市公司、非上市公众公司董事、监事、高级管理人员职务。

案例二：上市公司未将本应认定为关联方的交易对方认定为关联方，与之发生的交易未按关联交易审议程序进行审议。

董事石某控制的5家关联法人与上市公司发生交易，累计交易金额12.32亿元，其中2019年、2020年分别为1.96亿元、10.36亿元，分别占上市公司最近一期经审计净资产的6.65%和30.19%。且该名董事具体策划、安排5家关联法人与上市公司之间进行交易，但上市公司并未将5家关联法人认定为关联方，相关交易亦未履行关联交易决策程序。

监管部门认为：董事长李某某授权石某负责上市公司投融资事务，为石某开展全部关联交易事项提供资金支持，其知悉上市公司与5家关联法人存在关联关系，但在董事会审议该交易事项过程中未提出该笔交易为关联交易。董事、总经理、法定代表人王某某全面负责公司日常经营，为石某开展关联交易事项提供资金支持，默许石某利用上市公司人事、财务人员为相关关联方提供便利。罗某作为财务总监，分管财务部门，其知悉所管理部门财务人员为石某从事关联交易提供便利。董事会秘书桂某某，负责组织协调公司信息披露事务，其在参与审议部分关联交易时未尽勤勉尽责义务。对于上市公司信息披露违法行为，石某、李某某、王某某是直接负责的主管人员，罗某、桂某某为其他直接责任人员。

最终，监管部门认为上市公司及上述董事、高级管理人员均违反《证券法》的相关规定，故处罚如下：上市公司责令改正，给予警告，并处以400万元罚款；上述董事、高级管理人员处以50万元至200万元不等的罚款。

案例三：广东A公司系国内知名的调味品上市公司，在其发展过程中，B集团通过二级市场增持的方式逐渐成为A公司的第一大股东。然而好景不长，B集团方面由于自身资金压力不断被动减持。与此同时，A公司原第一大股东C则不断增持，最终重新成为A公司第一大股东。不过，双方的股权之争并未因此终结。2023年6月20日，C公司联合几个股东共同提请召开临时股东大会，但A公司董事会并未在法定期限内作出回应。2023年7月2日，C公司等股东向A公司监事会提请召开临时股东大会，监事会予以审议通过。7月17日，A公司召开董事会，决定聘请B集团员工作为A公司的总经理等高级管理人员。7月24日，A公司临时股东大会召开，决定罢免A公司现任4名董事，增补3名董事。新董事会组成后，即于同日决定罢免了7月17日新聘的高管，并成立执行委员会代行空缺岗位职责。同日，B集团在自己的官网上发出一则“A公司董事会决议”，该决议称A公司已于当天召开董事会，并通过了取消上述临时股东大会的议案。在闹剧之后的当日晚，上海证券交易所针对该事件下发监管工作函。

三、上市公司“三会”治理合规要点

（一）熟悉“三会”制度，严格遵照执行

上市公司不仅要制定健全完善的“三会”治理制度，证券部门、财务部门等

相关职能部门还需要熟练掌握制度规则并严格执行。实践中上市公司“三会”召开的过程中经常会遇到下列问题：

1. 在股东大会通知记载的股权登记日后购买上市公司股票的股东，拟参与股东大会现场会议的处理

根据《上市公司章程指引》《上市公司股东大会规则》等法律法规的规定，股权登记日登记在册的所有普通股股东（含表决权恢复的优先股股东）或其代理人，均有权出席股东大会，并依照有关法律、法规及本章程行使表决权。因此，原则上公司有权拒绝股权登记日后购买公司股票的股东参与股东大会。但鉴于股东依法享有知情权，在不违反股东大会现场会议制度的情况下，公司可邀请相关股东旁听会议，但其无权进行表决。

2. 关联股东/董事应回避审议事项的处理

上市公司审议关联交易事项时，关联股东/董事均应回避相关议案的表决。实践中，会议审议关联交易议案时，关联股东/董事不应主动对关联交易事项进行阐述或发表意见，在表决票上应直接注明回避议案，而不是填写反对意见。关联股东/董事所持的股份数/票数均应剔除，不得反映在相关议案的表决总数中。

3. 一致行动人表决不一致的处理

当一致行动人进行表决时，原则上应当作出一致的表决意见。如果一致行动人作出相反意思表决时，上市公司应当以一致行动人之间签署的一致行动协议为依据，判断最终以哪位一致行动人的表决意见为准。

此外，如果一致行动人中的某位股东/董事需对表决事项进行回避表决的，则一致行动人就该审议事项统一回避表决。不得出现部分回避、部分未回避表决的情形。

4. 董事、监事辞职导致其董事会、监事会人数低于法律法规规定的情形

一般情况下，董事或监事的辞职自其辞职报告递交到董事会或监事会即生效，不会影响董事会或监事会的正常运作。但是如果该董事或监事的辞职导致董事会、监事会的人数低于法律规定的情况的，则需要进行特殊处理。

根据《公司法》及相关法律法规的规定，董事任期届满未及时改选，或者董事在任期内辞职导致董事会成员低于法定人数的，在改选出的董事就任前，原董事仍应当依照法律、行政法规和公司章程的规定，履行董事职责；监事任期届满未及时改选，或者监事在任期内辞职导致监事会成员低于法定人数的，在改选出的监事就任前，原监事仍应当依照法律、行政法规和公司章程的规定，履行监事

职责。此外,交易所制定的规范运作指引中还规定,上市公司董事、监事和高级管理人员辞职应当提交书面辞职报告。除下列情形外,董事或者监事的辞职自辞职报告送达董事会或者监事会时生效:(1)职工代表监事辞职导致职工代表监事人数少于监事会成员的三分之一;(2)独立董事辞职导致独立董事人数少于董事会成员的三分之一或者独立董事中没有会计专业人士。

基于此,公司董事会或监事会在收到董事或监事的辞职报告时,应当对其现有董事会或监事会的人数进行审查,先行判断该董事(独立董事)或监事(职工代表监事)的辞职是否会使董事会或监事会的人数低于法定人数(并非低于公司章程约定的董事会或监事会人数),如果低于法定人数,则该董事或监事需继续履职,同时公司应当尽快提名新的董事或监事,在新的董事或监事履职后,原董事或监事才能卸任。

(二)严格执行"三会"审核权限,避免遗漏关联交易

上市公司制定的《公司章程》《对外投资管理办法》《关联交易管理办法》《对外担保管理办法》等制度都明确相关交易、担保的"三会"审核权限。因此,上市公司不得故意将一项交易分拆成多个交易来规避本应履行的"三会"决策审议程序。此外,涉及上市公司重大交易的事项还需要独立董事发表独立意见。

从上述"三会"治理违规案例中可以发现,上市公司关联交易、担保、资金占用往往是违规处罚的重灾区。因此,上市公司在"三会"治理中应当重点关注与关联方发生的交易、担保、资金拆借行为。诚然,上市公司故意规避关联交易属于少数情形,但我们仍需避免遗漏关联交易的情形发生。上市公司在日常经营过程中应当定期对关联方进行梳理,要求实际控制人、董事、监事、高级管理人员定期填报关联方情况表,并由公司证券部进行复核,避免遗漏关联方;而对于显失公允或异常的交易进行重点审核,防止关联交易非关联化,从实质重于形式的角度对关联方、关联交易进行充分审核。

附录:上市公司"三会"重要审议事项汇总

上市公司董事会审议的部分重要事项主要包括:信息披露事务管理制度(上市公司应当建立信息披露事务管理制度,经董事会审议通过并披露);内幕信息知情人登记管理制度(上市公司应当建立和执行内幕信息知情人登记管理制度,内幕信息知情人登记管理制度应当经公司董事会审议通过并披露);定期报告、更正已披露的定期报告(上市公司因已披露的定期报告存在差错或者虚假记载被责令改正,或者董事会决定进行更正的,应当在被责令改正或者董事会

作出相应决定后及时披露)；年度内部控制评价报告(公司编制的年度内部控制评价报告经董事会审议通过，并按定期报告相关要求审核后，与年度报告一并对外披露)；利润分配、资本公积金转增股本方案(公司董事会在审议利润分配、资本公积金转增股本方案时，应当明确在股本总额发生变动时的方案调整原则)；“财务资助”交易事项(上市公司发生“财务资助”交易事项，除应当经全体董事的过半数审议通过外，还应当经出席董事会会议的三分之二以上董事审议通过，并及时披露)；“提供担保”交易事项(上市公司发生“提供担保”交易事项，除应当经全体董事的过半数审议通过外，还应当经出席董事会会议的三分之二以上董事审议通过，并及时披露)；关联交易(上市公司与关联自然人发生的交易金额在30万元以上的关联交易，上市公司提供担保除外；上市公司与关联法人发生的交易金额在300万元以上，且占公司最近一期经审计净资产绝对值0.5%以上的关联交易，上市公司提供担保除外)。

上市公司监事会需要对一些重要事项发表意见，主要包括：财务会计报告(监事会应当对董事会编制的财务会计报告进行审核并提出书面审核意见，书面审核意见应当说明报告编制和审核程序是否符合相关规定，内容是否真实、准确、完整)；财务信息更正(监事会应对更正事项发表意见)；董事会年度内控自我评价报告(监事会应对报告发表意见)。

第二节　董监高履职

一、上市公司董监高履职的适用规则

董事、监事、高管是维系和领导公司正常运转、持续经营的核心力量，这三类人员合法合规履行职责也成为上市公司合规运营的重点。在实践中，上市公司董监高履职必须以《公司法》《证券法》等法律法规为关注核心，同时遵循《上市公司章程指引》、各交易所《股票上市规则》及《规范运作指引》等规定。

《公司法》单独设置了“公司董事、监事、高级管理人员的资格和义务”一章，对董监高履职做出了基础性的规定，具体包括：(1)董监高的任职资格；(2)董监高的忠实义务和勤勉义务；(3)董事、高管的禁止性行为及赔偿责任；(4)董监高的接受质询义务；(5)董事、高管的配合监事工作义务；等等。

《证券法》作为证券领域的基础性法律，在信息披露、证券交易等方面对董监高提出了具体要求。如《证券法》第36条是对锁定期的原则性规定，该规定要求上市公司持有5%以上股份的股东、实际控制人、董事、监事、高级管

理人员，以及其他持有发行人首次公开发行前发行的股份或者上市公司向特定对象发行的股份的股东，转让其持有的本公司股份的，不得违反法律、行政法规和国务院证券监督管理机构关于持有期限、卖出时间、卖出数量、卖出方式、信息披露等规定，并应当遵守证券交易所的业务规则。该法第44条是对董监高买卖证券的规定，该规定要求上市公司、股票在国务院批准的其他全国性证券交易场所交易的公司持有5%以上股份的股东、董事、监事、高级管理人员，将其持有的该公司的股票或者其他具有股权性质的证券在买入后6个月内卖出，或者在卖出后6个月内又买入，由此所得收益归该公司所有，公司董事会应当收回其所得收益。但是，证券公司因购入包销售后剩余股票而持有5%以上股份，以及有国务院证券监督管理机构规定的其他情形的除外。并且，这里所称的董事、监事、高级管理人员、自然人股东持有的股票或者其他具有股权性质的证券，包括其配偶、父母、子女持有的及利用他人账户持有的股票或者其他具有股权性质的证券。

《上市公司章程指引》、各交易所《股票上市规则》及《规范运作指引》等规定则由证监会、交易所对上市公司董监高的规范履职提出了更细致的要求。证监会制定的《上市公司章程指引》在第五章、第六章、第七章对董监高的任职资格、选举及换届、义务和职权等作出了详细规定。各交易所《股票上市规则》及《规范运作指引》则进一步细化，将董监高履职作为公司规范治理的重要一环进行严格要求。

除了上述通用性的规定外，还值得注意的是国有企业上市公司的领导人员需要额外遵守一系列特殊规定。这些特殊规定主要包括《国有企业领导人员廉洁从业若干规定》《中央企业贯彻落实〈国有企业领导人员廉洁从业若干规定〉实施办法》《中央企业违规经营投资责任追究实施办法(试行)》，等等。

二、上市公司董监高履职的合规要点

首先，董监高应明确自身职权，积极履行职能。《公司法》《证券法》《上市公司章程指引》等法律法规对董监高的职能做出了具体规定。董监高应以公司利益为重，积极行使权利，并在每年度末作出工作报告，总结一年的工作得失，以求促进公司发展。

其次，董监高在重视自身义务的同时，更需要避免违规行为。在程序上，董监高要通过董事会、监事会及经理层会议依法履职，以符合法定程序；在实质上，董监高不得越权行使职权。关于董监高违规行为及其可能带来的责任，详见本书第三篇。

最后,董监高还应遵纪守法,避免出现影响自身任职资格的情形。上市公司董监高的履职资格、选任程序都是法定的披露内容,一旦存在瑕疵,将严重影响公司的信誉和投资者对公司治理的信息,并且也将受到监管部门的惩处。

三、董监高责任险

随着监管力度的加强和市场治理的不断完善,董监高面对的法律责任和风险也逐渐提升。作为一种风险分担的机制,董监高责任险(也称董责险)受到了更大的关注。董监高责任险是一种企业保险产品,旨在保护公司的董事、监事和高级管理人员免受其在履行职责过程中产生的错误、疏忽、违规行为或管理失误而导致的潜在责任和法律风险。据统计,北美超过 90% 的上市公司均购买了这一险种,我国香港地区也有将近七成的上市公司购买。[①] 在 A 股市场,仅 2022 年就有 337 家上市公司发布了购买董监高责任险的公告,这个数字与 2021 年、2020 年相比增幅分别达到 108%、205%。

不过,尽管 2002 年证监会发布《上市公司治理准则》之后董监高责任险就已经引入,但直到近年才受到较高关注。同时,董监高责任险的定价因素较为复杂,公司规模和行业、财务状况、历史合规情况、风险管控能力、董监高个人背景履历、市场规则等都会成为考虑因素。因此,上市公司董监高在选择投保时,需要多方对比,仔细斟酌,并咨询公司法律顾问的建议。

第三节　关联交易与同业竞争

一、上市公司关联交易的认定和规则

上市公司的关联交易是容易引发利益输送,损害投资者权益的重要风险区,因此成为监管机构在日常监管中严加看管的事项。综观 A 股市场的四大板块,沪主板、深主板、创业板、科创板及北京证券交易所(以下简称北交所)均出台了《股票上市规则》对关联交易加以细致详尽的规定。各个板块对关联交易的规定虽存在一些细致的区别,但大体上的原则和思路基本相同。

根据各板块的《股票上市规则》,上市公司的关联交易是指上市公司、控股

---

① 参见凌士显、白锐锋:《董事责任保险、董事会治理与企业创新》,载《科技进步与对策》2018 年第 10 期。

子公司及控制的其他主体与上市公司关联人（或关联方）之间发生的转移资源或者义务的事项。由此可见，上市公司的关联交易是发生上市公司和关联人之间的交易。反之，若是上市公司的关联人和关联人发生的交易，则并不属于上市公司的关联交易。

（一）上市公司关联交易的认定

在了解关联交易之前，需要对关联人进行界定。根据《股票上市规则》等规定，上市公司的关联人①主要包括以下几类。

一是关联自然人，具体包括：（1）直接或者间接持有上市公司5%以上股份的自然人；（2）上市公司董事、监事和高级管理人员；（3）直接或者间接地控制上市公司法人（或者其他组织）的董事、监事和高级管理人员；（4）前述三类自然人的关系密切的家庭成员，包括配偶、父母、配偶的父母、兄弟姐妹及其配偶、年满18周岁的子女及其配偶、配偶的兄弟姐妹和子女配偶的父母；（5）根据实质重于形式的原则认定的其他与上市公司有特殊关系，可能造成上市公司对其利益倾斜的自然人。

二是关联法人，具体包括：（1）直接或者间接地控制上市公司的法人（或者其他组织）；（2）由前述法人（或者其他组织）直接或者间接控制的除上市公司、控股子公司及控制的其他主体以外的法人（或者其他组织）；（3）由上述第一类关联自然人直接或者间接控制的或者担任董事（不含同为双方的独立董事）、高级管理人员的，除上市公司、控股子公司及控制的其他主体外的法人（或者其他组织）；（4）持有上市公司5%以上股份的法人（或者其他组织）及其一致行动人；（5）根据实质重于形式的原则，认定其他与上市公司有特殊关系，可能或者已经造成上市公司对其利益倾斜的法人（或者其他组织）。

三是视同关联方，也即在第一类、第二类的基础上扩大了时间范围而加以认定的一类主体，具体包括：（1）根据相关协议安排在未来12个月内，存在前述情形之一的法人（或者其他组织）、自然人；（2）过去12个月内，存在前述情形之一的法人（或者其他组织）、自然人。

最后，还需注意一个例外，即法人（或者其他组织）与上市公司受同一国有

---

① 可以参考《上海证券交易所股票上市规则（2023年2月修订）》（上证发〔2023〕31号）、《深圳证券交易所股票上市规则（2023年修订）》（深证上〔2023〕701号）、《上海证券交易所科创板股票上市规则（2020年12月修订）》（上证法〔2020〕101号）、《深圳证券交易所创业板股票上市规则（2023年修订）》（深证上〔2023〕93号）、《北京证券交易所股票上市规则（试行）》等法规关于关联人的定义，但不同板块对关联人的定义略有差异。

资产管理机构控制的,不因此形成关联关系。

由此可见,上市公司的关联人的范围较为广泛,上市公司需要结合自身情况进行全面仔细的研判,切不可遗漏重要的关联方。

(二)上市公司关联交易的认定

在确定关联方之后,上市公司的关联交易类型也相当广泛。从规则来看,关联交易的类型包括:(1)购买原材料;(2)销售产品、商品;(3)提供或者接受劳务;(4)委托或者受托销售以及管理资产和业务;(5)存贷款业务;(6)与关联人共同投资;(7)租赁、购买或者出售资产;(8)债权、债务重组;(9)提供财务资助、赠与或者受赠资产、放弃权利;(10)提供担保;(11)签订许可使用协议;(12)转让或者受让研发项目;(13)其他通过约定可能引致资源或者义务转移的事项。①

各板块的股票上市规则对关联交易的披露标准及决策程序也制定了详尽全面的规则。各板块对关联交易的披露标准、审议程序等监管要求如下。

1. 沪深市主板的披露标准及审议规则

披露标准:(1)与关联自然人发生的成交金额超过30万元的交易;(2)与关联法人(或者其他组织)发生的成交金额超过300万元,且占上市公司最近一期经审计净资产绝对值超过0.5%的交易;(3)为关联人提供担保。

审议规则:董事会主要审议规则包括:(1)未有明确法律规定,可由公司自主规定,一般同关联交易披露标准保持一致,但为关联人提供担保,不受金额限制,需要董事会审议通过后,提交股东大会审议。(2)向非由上市公司控股股东、实际控制人控制的关联参股公司提供财务资助,不受金额限制,需要董事会审议通过后,提交股东大会审议。股东大会主要审议规则包括:(1)上市公司与关联人发生的交易金额在3000万元以上,且占上市公司最近一期经审计净资产绝对值5%以上的;(2)为关联人提供担保;(3)向非由上市公司控股股东、实际控制人控制的关联参股公司提供财务资助。

2. 创业板的披露标准及审议规则

披露标准:与沪深主板基本一致。

审议规则:董事会主要审议规则包括:(1)未有明确法律规定,可由公司自主规定,一般同关联交易披露标准保持一致,但为关联人提供担保,不受金额限制

① 参见《上海证券交易所股票上市规则(2023年2月修订)》(上证发〔2023〕31号)、《深圳证券交易所股票上市规则(2023年修订)》(深证上〔2023〕701号)、《上海证券交易所科创板股票上市规则(2020年12月修订)》(上证发〔2020〕101号)、《深圳证券交易所创业板股票上市规则(2023年修订)》(深证上〔2023〕93号)、《北京证券交易所股票上市规则(试行)》等法规关于关联交易类型的列举。

制,需要董事会审议通过后,提交股东大会审议。(2)不得为董事、监事、高级管理人员、控股股东、实际控制人及其控股子公司等关联人提供资金等财务资助。股东大会主要审议规则包括:(1)上市公司与关联人发生的交易金额在3000万元以上,且占上市公司最近一期经审计净资产绝对值5%以上的;(2)为关联人提供担保。

3. 科创板的披露标准及审议规则

披露标准:(1)与关联自然人发生的成交金额在30万元以上的交易;(2)与关联法人(或者其他组织)发生的成交金额占上市公司最近一期经审计总资产或市值0.1%以上的交易,且超过300万元;(3)为关联人提供担保。

审议规则:董事会主要审议规则包括:(1)未有明确法律规定,可由公司自主规定,一般同关联交易披露标准保持一致,但为关联人提供担保,不受金额限制,需要董事会审议通过后,提交股东大会审议。(2)审慎向关联方提供财务资助,确有必要的,应当以发生额作为披露的计算标准,在连续12个月内累计计算,和其他交易适用同一标准。股东大会主要审议规则包括:(1)上市公司与关联人发生的交易金额占上市公司最近一期经审计总资产或市值1%以上的交易,且超过3000万元;(2)为关联人提供担保。

4. 北交所的披露标准及审议规则

披露标准:(1)公司与关联自然人发生的成交金额在30万元以上的关联交易;(2)与关联法人(或者其他组织)发生的成交金额占公司最近一期经审计总资产0.2%以上的交易,且超过300万元;(3)为关联人提供担保。

审议规则:董事会主要审议规则与创业板基本一致。股东大会主要审议规则包括:(1)上市公司与关联方发生的成交金额占公司最近一期经审计总资产2%以上且超过3000万元的交易;(2)为关联人提供担保。

二、上市公司关联交易的监管要点

根据上市公司披露的公告内容,上市公司因未按规定披露关联交易以及关联交易未履行审议程序,被证券监管部门和交易所处罚或采取监管措施的情形较多。为此选取某上市公司A公司因未按规定披露关联交易事项被广东证监局处罚的案例加以说明。

广东监管局认定A公司的违法事实如下:

1. 未在定期报告中披露关联交易。A公司在2016年度至2020年度,每个年度均发生了重大关联交易事项(对于某一关联方,报告期内累计关联交易总额在3000万元以上且占公司报告期末净资产值5%以上),但在年报中未披露关联交易事项,导致相关定期报告存在重大遗漏。

2. 未及时披露关联交易。2021年1月至3月,A公司及其控股子公司以预付工程款、预付投资款等形式向关联方提供资金,上述关联交易涉及金额6100.80万元,占公司最近一期经审计净资产的0.87%。根据《证券法》《上海证券交易所股票上市规则》(2020年修订)等法律法规规定,A公司应当及时披露相关关联交易事项,但A公司未及时披露上述关联交易情况。

广东监管局根据《证券法》第197条第2款的规定,对A公司处以150万元的罚款,并对该公司直接负责的主管人员和其他直接责任人员处以50万元至150万元不等的罚款。

A公司未按规定披露关联交易情况,导致相关定期报告存在重大遗漏、未及时披露关联交易事项,违反了《证券法》第78条第1款、第2款的规定,构成《证券法》第197条所述的违法情形,被广东证监局处罚。A公司的董事、监事、高级管理人员均对其任职期间的定期报告签署书面确认意见,相关人员对2021年报告应披露事项未及时报告或提出监督意见,被广东监管局处罚。

因此,上市公司未按规定披露关联交易情况,上市公司的董监高可能会因未能核实并督促上市公司及时披露相关关联交易情况,未勤勉尽责而被监管机构处罚。上市公司董监高为了避免被监管机构处罚,除在公司的日常经营管理中尽忠实、勤勉义务外,对定期报告的真实性、准确性、完整性有异议的,还应当在书面确认意见中发表意见并陈述理由,同时拒绝在该文件上签字确认。

三、上市公司同业竞争的认定和规则

沪主板、深主板、创业板、科创板及北交所在《监管规则适用指引》《北京证券交易所向不特定合格投资者公开发行股票并上市业务规则适用指引第1号》等法规上对上市公司同业竞争问题作出了解答,但不同板块对同业竞争的要求存在差异。沪主板、深主板要求上市公司的业务独立于控股股东、实际控制人及其控制的其他企业,与控股股东、实际控制人及其控制的其他企业间不存在同业竞争;而创业板、科创板、北交所对上市公司同业竞争的要求相比沪主板、深主板较低,上市公司与控股股东、实际控制人及其控制的其他企业间不存在对上市公司构成重大不利影响的同业竞争即可。

上市公司在判断是否构成同业竞争事项时,主要从以下几个方面进行认定:

1. 核查范围。针对上市公司控股股东(或实际控制人)及其近亲属全资或控股的企业。虽然上市公司的董事、高级管理人员"未经股东大会同意,不得利用职务便利为自己或者他人谋取属于上市公司的商业机会,自营或者为他人经营与所任职上市公司同类的业务",但是这不是基于同业竞争的考量,而是基于董事、高级管理人员对上市公司负有忠实勤勉义务的考虑。

2. 判断原则。同业竞争的"同业"是指竞争方从事与上市公司主营业务相同或相似业务。上市公司与竞争方的行业分类一致,或者产品具有替代性,一般都会被监管机构认定为"同业"。

核查认定该相同或相似的业务是否与上市公司构成"竞争"时,应按照实质重于形式的原则,结合相关企业的历史沿革、资产、人员、主营业务(包括但不限于产品服务的具体特点、技术、商标商号、客户、供应商等)等方面与上市公司的关系,以及业务是否有替代性、竞争性、是否有利益冲突、是否在同一市场范围内销售等,来论证是否与上市公司构成竞争,而不能简单以产品销售地域不同、产品的档次不同等认定不构成同业竞争。上市公司若存在通过竞争方来操纵利润、进行利益输送或让渡商业机会的可能,比如上市公司和竞争方的客户、供应商存在部分重叠,则很难论证为不构成"竞争"。

3. 亲属控制的企业应如何核查认定。如果上市公司控股股东或实际控制人是自然人,其夫妻双方直系亲属(包括配偶、父母、子女)控制的企业与上市公司存在竞争关系的,应认定为构成同业竞争。

上市公司控股股东、实际控制人的其他亲属及其控制的企业与上市公司存在竞争关系的,应当充分披露前述相关企业在历史沿革、资产、人员、业务、技术、财务等方面对上市公司独立性的影响,报告期内交易或资金往来,销售渠道、主要客户及供应商重叠等情况,以及上市公司未来有无收购安排。[①]

4. 针对创业板、科创板、北交所上市公司,如果存在同业竞争情形在认定同业竞争是否构成重大不利影响时,应结合竞争方与上市公司的经营地域、产品或服务的定位,同业竞争是否会导致上市公司与竞争方之间的非公平竞争,是否会导致上市公司与竞争方之间存在利益输送,是否会导致上市公司与竞争方之间相互或者单方让渡商业机会情形,对未来发展的潜在影响等方面进行核查认定。竞争方的同类收入或毛利占上市公司主营业务收入或毛利的比例为30%以上

---

① 参见《首发业务若干问题解答(2020年修订)》问题15。值得注意的是,根据2023年2月发布的、替代前述问题解答的《监管规则适用指引》发行类第4号、第5号,关于同业竞争问题并未如问题解答一样做出明确阐释,因此,关于将来监管环境下对同业竞争的理解和适用还有待实践加以明确。

的,如果无充分相反证据,原则上应认定为构成重大不利影响。[①]

四、上市公司同业竞争的监管要点

根据《上市公司治理准则》的规定,上市公司业务应当独立于控股股东、实际控制人。控股股东、实际控制人及其控制的其他单位不应从事与上市公司相同或者相近的业务。控股股东、实际控制人应当采取有效措施避免同业竞争。

根据上市公司披露的公告内容,上市公司因涉及同业竞争被证券监管部门和交易所处罚或采取监管措施的情形较少。同样,选取某上市公司 B 公司因大股东控股子公司与上市公司存在同业竞争而被广东证监局出具警示函的案例予以说明。

广东证监局认定 B 公司存在以下违规问题:大股东控股子公司与上市公司存在同业竞争。B 公司与控股股东 C 公司合作成立了 D 公司(双方持股比例分别为 40%、60%),该关联企业控股了多家医院及养老产业公司,与 B 公司现有业务存在一定的同业竞争。上述情形不符合《上市公司治理准则》第 73 条的规定。

由此可见,控股股东、实际控制人及其控制的其他单位与上市公司从事相同或者相近的业务,无论上市公司是否及时进行信息披露,其本身已构成违规。上市公司应当避免上市后新增同业竞争情形,并履行关于避免和解决同业竞争的承诺,对上市公司涉及的同业竞争问题进行及时整改。上市公司解决同业竞争的途径主要包括以下两种:(1)上市公司收购竞争公司的控制权;(2)竞争公司停止从事与上市公司相同或者相近的业务,相关业务可由上市公司承接。

关联交易与同业竞争涉及的法规较为分散。对于关联交易问题来说,由于这一问题同时关乎法律和财务方面,因此在这两个领域的规则体系中都有出现,主要包括《公司法》《企业所得税法实施条例》《国家税务总局关于完善关联申报和同期资料管理有关事项的公告》《企业会计准则第 36 号——关联方披露》《上市公司治理准则》《上市公司信息披露管理办法》,以及各交易所《股票上市规则》和《规范运作指引》等。对于同业竞争问题来说,主要出现在证券发行和上市公司信息披露的法规之中,主要包括《监管规则适用指引——发行类第 6 号》

---

① 参见《深圳证券交易所创业板股票首次公开发行上市审核问答》《上海证券交易所科创板股票发行上市审核问答》《北京证券交易所向不特定合格投资者公开发行股票并上市业务规则适用指引第 1 号》等关于同业竞争部分的问答。

《上市公司证券发行注册管理办法》《公开发行证券的公司信息披露内容与格式准则第2号——年度报告的内容与格式》《上市公司收购管理办法》等。

第四节　内幕交易

所谓内幕交易，根据现有法律的规定，即上市公司高管人员、控股股东、实际控制人和行政审批部门等方面的知情人员，利用工作之便，在公司并购、业绩增长等重大信息公布之前，泄露信息或者利用内幕信息买卖证券谋取私利的行为。因内幕交易对投资者利益和市场秩序的损害极大，故为《证券法》明令禁止，同时《刑法》也专门规定了内幕交易罪的罪名。本部分仅讨论证券内幕交易，而不对期货内幕交易作出分析。

一、内幕交易的行为认定

从内幕交易主体来看，《证券法》将其分为知情人与非法获取人两类，最高人民法院、最高人民检察院《关于办理内幕交易、泄露内幕信息刑事案件具体应用法律若干问题的解释》则进一步作出释明。综合来看，内幕交易的行为主体包括以下两种。

1. 证券内幕信息的知情人。证券内幕信息的知情人主要包括：(1)发行人及其董事、监事、高级管理人员；(2)持有公司5%以上股份的股东及其董事、监事、高级管理人员，公司的实际控制人及其董事、监事、高级管理人员；(3)发行人控股或者实际控制的公司及其董事、监事、高级管理人员；(4)由于所任公司职务或者因与公司业务往来可以获取公司有关内幕信息的人员；(5)上市公司收购人或者重大资产交易方及其控股股东、实际控制人、董事、监事和高级管理人员；(6)因职务、工作可以获取内幕信息的证券交易场所、证券公司、证券登记结算机构、证券服务机构的有关人员；(7)因职责、工作可以获取内幕信息的证券监督管理机构工作人员；(8)因法定职责对证券的发行、交易或者对上市公司及其收购、重大资产交易进行管理可以获取内幕信息的有关主管部门、监管机构的工作人员；(9)国务院证券监督管理机构规定的可以获取内幕信息的其他人员。

2. 证券内幕信息的非法获取人。证券内幕信息的非法获取人主要包括：(1)利用窃取、骗取、套取、窃听、利诱、刺探或者私下交易等手段获取内幕信息的；(2)内幕信息知情人员的近亲属或者其他与内幕信息知情人员关系密切的人员，在内幕信息敏感期内，从事或者明示、暗示他人从事，或者泄露内幕信息导致他人从事与该内幕信息有关的证券、期货交易，相关交易行为明显异常，且无正当理由或者正当信息来源的；(3)在内幕信息敏感期内，与内幕信息知情人员联络、接触，从事或者明示、暗示他人从事，或者泄露内幕信息导致他人从事与该内幕信息有关的证券、期货交易，相关交易行为明显异常，且无正当理由或者正当信息来源的。

可见，对于上市公司来说，内幕信息知情人的范围很广，并且从中产生非法获取人的风险也很大。更重要的是，从行为标准来看，在我国的现有立法和司法实践中，内幕交易认定仍然存在一种"知悉标准"，即无须证明行为人是否存在利用内幕信息进行交易的故意，只要在交易时知悉内幕信息，就构成内幕交易。① 因此，上市公司的内幕交易风险防控难度不小。

二、内幕交易的风险控制

有研究统计，2004 年到 2021 年，证监会一共作出了 793 个关于内幕交易行为的行政处罚。② 内幕交易无疑是监管部门重点打击的证券违法行为类型。为了防范内幕交易这一重大风险，上市公司可以考虑从以下两个方面入手。

1. 强化信息披露机制

内幕信息的一大特征是"尚未公开"，上市公司及时、妥善地进行信息披露，将可以避免因信息披露不及时导致相关交易被认定为内幕交易的情况。因此，我们建议：首先，上市公司对重大财务、业务等方面的信息建立充分的报备流程，公司证券部应在第一时间掌握公司相关重大信息；其次，建设自愿性信息披露的基本工作流程，公司证券部应及时消化各部门呈递的信息，判断是否需要进行披露；最后，信息披露要做到规范、公开。

2. 完善内幕信息管控

内幕信息管控的关键在于对知情人的管控。目前，证监会已经发布了《上市公司内幕信息知情人登记管理制度》，各上市公司应根据相关法律法规和监管指引，完善自身的内幕信息知情人登记管理制度。

一方面，上市公司应结合自身业务实际，合理划定内幕信息及内幕信息知情人范围。对于不同的部门和不同的岗位，上述范围的划定需有针对性，而不能一

---

① 参见马其家：《我国证券内幕交易认定标准的构建》，载《吉林大学社会科学学报》2010 年第 5 期。

② 参见白冬宽：《行政处罚中的内幕交易主体认定研究(2004—2021)》，中央财经大学 2022 年硕士学位论文，第 48 页。

概而论。

另一方面,上市公司应完善内幕信息登记备案流程,做到及时、全面,务必在内幕信息发生的第一时间,对各知情人发出相关告知文件,组织签订保密协议等。以下为内幕信息知情人登记管理的若干要点:(1)内幕信息知情人档案要及时、完整。在内幕信息依法公开披露前,上市公司应当按照规定填写上市公司内幕信息知情人档案,及时记录商议筹划、论证咨询、合同订立等阶段及报告、传递、编制、决议、披露等环节的内幕信息知情人名单,以及其知悉内幕信息的时间、地点、依据、方式、内容等信息。内幕信息知情人应当进行确认。(2)董事会、董事长、董事会秘书要落实职责。上市公司董事会应当按照本指引以及证券交易所相关规则要求及时登记和报送内幕信息知情人档案,并保证内幕信息知情人档案真实、准确和完整,董事长为主要责任人。董事会秘书负责办理上市公司内幕信息知情人的登记入档和报送事宜。董事长与董事会秘书应当对内幕信息知情人档案的真实、准确和完整签署书面确认意见。(3)重大事项进程化管理。上市公司进行收购、重大资产重组、发行证券、合并、分立、分拆上市、回购股份等重大事项,或者披露其他可能对上市公司证券交易价格有重大影响的事项时,除按照规定填写上市公司内幕信息知情人档案外,还应当制作重大事项进程备忘录,内容包括但不限于筹划决策过程中各个关键时点的时间、参与筹划决策人员名单、筹划决策方式等。上市公司应当督促重大事项进程备忘录涉及的相关人员在重大事项进程备忘录上签名确认。上市公司股东、实际控制人及其关联方等相关主体应当配合制作重大事项进程备忘录。

内幕交易除在《证券法》《刑法》有相关规定外,“两高”对其亦十分关注,其制定了包括最高人民法院、最高人民检察院《关于办理内幕交易、泄露内幕信息刑事案件具体应用法律若干问题的解释》,最高人民检察院、公安部《关于公安机关管辖的刑事案件立案追诉标准的规定(二)》,最高人民法院《关于审理证券行政处罚案件证据若干问题的座谈会纪要》等一系列规定。

第五节 承诺事项

在首次公开发行股票、再融资、并购重组、破产重整以及日常经营过程中,为了解决同业竞争、资产注入、股权激励、产权瑕疵等各类事项的瑕疵,上市公司及其实际控制人、股东、关联方、董事、监事、高级管理人员、收购人、资产交易对方、破产重整投资人等各类主体需要作出对应的承诺。这类承诺通常是一系列解决措施的兜底性文件，是上市公司日常运营和完成特定交易时的重要环节。

承诺应当清晰完整，承诺的要件包括：(1)具体事项；(2)履约方式、履约时限、履约能力分析、履约风险及防范对策；(3)履约担保安排，包括担保方、担保方资质、担保方式、担保协议(函)主要条款、担保责任等(如有)；(4)履行承诺声明和违反承诺的责任；等等。

承诺还需承担其他相应的义务，比如：(1)信息披露。承诺人作出承诺，有关各方必须及时、公平地披露或者提供相关信息，保证所披露或者提供信息的真实、准确、完整，不得有虚假记载、误导性陈述或者重大遗漏。(2)董事会督促义务。上市公司董事会应当积极督促承诺人遵守承诺。承诺人违反承诺的，上市公司董事、监事、高级管理人员应当勤勉尽责，主动、及时要求承诺人承担相应责任；等等。

承诺的变更和豁免也有着严格的条件，对于以下三类承诺，承诺人不得变更和豁免：(1)依照法律法规、中国证监会规定作出的承诺；(2)除中国证监会明确的情形外，上市公司重大资产重组中按照业绩补偿协议作出的承诺；(3)承诺人已明确不可变更或撤销的承诺。而除此之外，其他承诺的变更和豁免也只能在以下两种特殊情形下发生：(1)因相关法律法规、政策变化、自然灾害等自身无法控制的客观原因导致承诺无法履行的；(2)其他确已无法履行或者履行承诺不利于维护上市公司权益的。以一个近期的上市公司公告为例，SHRG 公司发布公告，因"公司园艺用品相关业务以出口为主，近年来受到中美贸易摩擦、新冠肺炎疫情、海运运力紧张、原材料价格上涨、汇率大幅波动等多方面的影响，2018 年度至今持续处于亏损的状态，且未能有改善向好的趋势"，决定豁免承诺事项"本人……作为 WSGF 的实际控制人，确认本次交易完成后 60 个月内，促使上市公司继续巩固发展现有园艺用品、园艺工具、园艺机械的生产与零售业务，维持现有业务的稳定，且不会与任何第三方签署前述业务的协议或作出类似的安排"。在这一案例中，该上市公司豁免承诺所使用的豁免理由就是"客观原因"。

公司上市时，主要涉及的承诺事项至少包括八类。一是股份锁定承诺，承诺主体主要包括：(1)股东；(2)控股股东、实际控制人及其亲属、一致行动人、申报前 6 个月内从控股股东或者实际控制人处受让的股份的股东；(3)突击入股的股东；(4)董监高；(5)核心技术人员(科创板)。二是持股和减持意向承诺，承诺主体主要包括：(1)控股股东；(2)大股东(5%)；(3)持股董事、高管。三是稳定股价承诺，承诺主体主要包括：(1)发行人；(2)控股股东；(3)非独立董事、高管。

四是涉及欺诈发行上市的股份回购或赔偿承诺，承诺主体主要包括：(1)控股股东、实际控制人；(2)董监高；(3)保荐机构、会计师事务所等证券服务机构。五是填补被摊薄即期回报的措施及承诺，承诺主体主要包括：(1)发行人；(2)控股股东、实际控制人；(3)董事、高管。六是承诺的约束措施之承诺，承诺主体主要包括：(1)发行人；(2)控股股东、实际控制人；(3)董事、高管。七是股东信息披露专项承诺，承诺主体主要是发行人。八是股利分配政策承诺，承诺主体主要包括：(1)发行人；(2)控股股东、实际控制人。

其他合规体系搭建防控风险

第一节　内控及财务合规

一、何为公司内部控制

内部控制是指公司通过各种手段和方法，以达到有效管理和控制公司风险、保护公司利益、有效使用资源、提高治理效能等目标的一种管理方式。它是由公司董事会、管理层及全体员工共同参与的一项活动[①]，涵盖了公司的管理架构、公司流程制度、内部监控机制以及内部审计等方面。

当前，国际上对内部控制的历史发展主要认为经历了5个阶段[②]，即内部牵制阶段、内部控制制度阶段、内部控制结构阶段、内部控制整合框架阶段、企业风险管理整合框架阶段。自1992年美国COSO委员会发布《COSO内部控制整合框架》以来，该框架已在全球获得广泛的认可和应用。多年来，理论界和实务界共同致力于完善该内部控制整合框架，实现其与企业风险管理更紧密的结合。2008年，我国财政部、证监会、审计署、原银监会、原保监会联合发布了《企业内部控制基本规范》(财会〔2008〕7号)，开启了中国境内企业的内部控制模式，并要求自2009年7月1日起在上市公司范围内施行，鼓励非上市的大中型企业执行。

二、与公司内控相关的法律法规

当下，内控越来越受到政府和监管机构的关注，相关法律法规及应用指引得

① 参见上海证券交易所上市公司内部控制指引。

② 参见袁立梅、刘颖：《内部控制理论的历史演变与启示》，载《现代经济信息》2008年第11期。

到不断完善。主要的法规例如《关于印发企业内部控制配套指引的通知》、财政部《关于印发〈小企业内部控制规范(试行)〉的通知》(财会〔2017〕21号)、《关于印发中小企业划型标准规定的通知》(工信部联企业〔2011〕300号)、《会计监管风险提示第4号——首次公开发行股票公司审计》、《上市公司信息披露管理办法》(证监会令第40号)、《上市公司治理准则》(证监会公告〔2018〕29号)、《上市公司监管指引第2号——上市公司募集资金管理和使用的监管要求》、《上市公司监管指引第3号——上市公司现金分红》(2023年修订)、《上市公司监管指引第4号——上市公司及其相关方承诺》(证监会公告〔2022〕16号)、《上市公司监管指引第5号——上市公司内幕信息知情人登记管理制度》(证监会公告〔2022〕17号),等等。

三、企业内部控制体系建设要点

COSO组织1992年发布的内部控制框架要素和内容,设定了内部控制的五大要素:控制环境、风险评估、控制活动、信息与沟通、内部监督。2008年,我国发布的《企业内部控制基本规范》(财会〔2008〕7号)同样明确提出要围绕五大要素开展内部控制活动。

1. 控制环境:是指公司组织架构、发展战略、人力资源政策、社会责任、企业文化和内部审计等。

2. 风险评估:企业开展风险评估对生产经营管理中的风险进行全面识别,制定风险控制措施,其中包括目标设定、风险识别、风险分析和风险应对。

3. 控制活动:控制活动是指企业根据风险应对策略,采用相应的控制措施,将风险控制在可承受度之内,这是实施内部控制的具体方式。常见的控制措施有:不相容职务分离控制、授权审批控制、会计系统控制、财产保护控制、预算控制、运营分析控制和绩效考评控制等。企业应当结合风险评估结果,通过手工控制与自动控制、预防性控制与检查性控制相结合的方法,运用相应的控制措施,将风险控制在可承受度之内。同时,根据发展战略目标,围绕重要业务领域,在全面覆盖的基础上关注重点业务的内部控制。

4. 信息与沟通:信息与沟通是企业及时、准确地收集和传递与内部控制相关的信息,确保信息在企业内部、企业与外部之间进行有效沟通,是实施内部控制的重要条件。企业应当建立信息与沟通制度,明确内部控制相关信息的收集、处理和传递程序,确保信息及时沟通,促进内部控制有效运行。信息与沟通的要件主要包括:信息质量、沟通制度、信息系统、反舞弊机制。

5. 内部监督：内部监督是企业对内部控制建立与实施情况的监督检查，通过评价内部控制的有效性，对于发现的内部控制缺陷及时加以改进，是实施内部控制的重要保证。从定义出发，内部监督主要有两个方面的意义：第一，发现内控缺陷，改善内部控制体系，促进企业内部控制的健全性、合理性。第二，提高企业内部控制施行的有效性。同时，内部监督也是外部监管的有力支撑。除此之外，内部监督机制可以减少代理成本，保障股东的利益。

四、财务合规管理的要点

财务的合规与财务的管理是企业管理的核心，要求公司在财务方面遵守各种法律法规和规范要求，比如会计准则、报表公开要求和税务规定等。《公司法》《审计法》《企业会计准则——基本准则》《上市公司信息披露管理办法》等相关法律法规对企业财务合规也进一步作出了明确要求。

财务合规的基础是财务信息的真实、准确和完整。以公司上市过程中对财务合规的审核为切入点，明确公司在日常财务管理中需要关注的要点：

1. 营业收入反映了公司创造利润和现金流量的能力

按照会计准则的规定，判断公司能否确认收入的一个核心原则是商品所有权上的主要风险和报酬是否转移给购货方，这就需要结合公司的销售模式、渠道以及收款方式进行确定。销售循环的内控制度是否健全，流程是否规范，单据流、资金流、货物流是否清晰可验证，这些是确认收入真实性、完整性的重要依据，也是上市审计中对收入的关注重点。

2. 成本费用直接影响企业的毛利率和利润，影响企业的规范、合规性和盈利能力

首先，应关注企业的成本核算方法是否规范，核算政策是否一致。其次，在费用方面，应关注企业的费用报销流程是否规范，相关管理制度是否健全，票据取得是否合法，有无税务风险。对于成本费用的结构和趋势的波动，应有合理的解释。最后，在材料采购方面，应关注原材料采购模式，供应商管理制度等相关内部控制制度是否健全，价格形成机制是否规范，采购发票是否规范。

3. 税务问题是企业财务管理的重点问题

在税务方面，企业执行的税种、税率应合法合规。对于税收优惠：首先，应关注其合法性，税收优惠是否属于地方性政策且与国家规定相符，税收优惠有没有正式的批准文件。其次，要关注纳税申报是否及时，是否完整纳税，避税行为是否规范，是否因纳税问题受到税收征管部门的处罚。

五、财务及内控不合规引发的处罚案例

(一)财务报告相关内部控制存在缺陷

1. 案情简介:中国证券监督管理委员会宁波监管局(以下简称宁波证监局)对上市公司开展现场检查发现,公司披露的商誉减值计提事项未见管理层提请董事会审议的过程。具体情形为,2019 年公司披露的财务会计报告对一家下属子公司的商誉全额计提了减值准备,但未见公司财务部门就该商誉减值金额进行测算,也未见管理层按照计提金额编制财务会计报告草案并提交董事会审议的相关流程。同时,公司还存在其他与商誉减值相关的违规事项。2020 年 8 月 13 日宁波证监局对上市公司出具警示函,对相关责任人采取认定为不当人选、监管谈话以及出具警示函等措施。

2. 案情分析:上述情形违反了《上市公司信息披露管理办法》第 32 条、《企业内部控制应用指引第 14 号——财务报告》第 4 条的规定,具体规则条文如下:

《上市公司信息披露管理办法》第 32 条规定:"上市公司应当制定定期报告的编制、审议、披露程序。经理、财务负责人、董事会秘书等高级管理人员应当及时编制定期报告草案,提请董事会审议;董事会秘书负责送达董事审阅;董事长负责召集和主持董事会会议审议定期报告;监事会负责审核董事会编制的定期报告;董事会秘书负责组织定期报告的披露工作。"

《企业内部控制应用指引第 14 号——财务报告》第 4 条规定:"企业应当严格执行会计法律法规和国家统一的会计准则制度,加强对财务报告编制、对外提供和分析利用全过程的管理,明确相关工作流程和要求,落实责任制,确保财务报告合法合规、真实完整和有效利用。总会计师或分管会计工作的负责人负责组织领导财务报告的编制、对外提供和分析利用等相关工作。企业负责人对财务报告的真实性、完整性负责。"

根据上市公司《内部财务管理规定》第 45 条的规定,"公司对外财务报告须经公司资财管理负责人审核,说明公司已按照上述规则制定了关于定期报告编制、审议等内控制度"。但公司编制财务会计报告过程中,对商誉减值事项实际未按照规定进行审议,违反了相关法规,也未遵循公司内控制度。

(二)公司自身未识别内控缺陷,导致《内部控制评价报告》披露不准确

1. 案情简介:上市公司、公司控股股东及相关责任人于 2020 年 12 月 30 日收到上海证券交易所《纪律处分决定书》,该文件在对违规事实的表述中提到,公司《2018 年度内部控制评价报告》披露不准确。具体情况为:2018 年度,公司

存在伪造部分客户单据的违规行为,相关伪造单据涉及金额 435.09 万元。截至目前,真实单据均已收回。前述控股股东及关联方资金占用、2017 年和 2018 年年度报告存在虚假记载、伪造客户单据等事项反映出公司内部控制存在重大缺陷,但公司未在其 2018 年度内部控制评价过程中识别出相关缺陷,导致公司《2018 年度内部控制评价报告》未披露存在内部控制缺陷情况,信息披露不准确。

2. 案情分析:《公开发行证券的公司信息披露编报规则第 21 号——年度内部控制评价报告的一般规定》(证监会公告〔2014〕1 号)第 4 条规定:“公司应当以内部控制评价工作获取的测试、评价证据为基础,如实编制和对外提供年度内部控制评价报告,不得含有虚假的信息或者隐瞒重要事实。公司董事会及全体董事应保证提供的年度内部控制评价报告不存在虚假记载、误导性陈述或重大遗漏,并就年度内部控制评价报告的真实性、准确性、完整性承担个别和连带的法律责任。”

上市公司在披露年度内部控制评价报告之前,应当审慎核查公司内控制度订立、运行等方面是否存在重大缺陷,并且应当区分财务报告内部控制与非财务报告内部控制。上市公司应当保证其披露内容的完整性和真实性,上述编报规则是对年度内部控制评价报告披露的最低要求,无论规则是否有明确要求,凡对投资者投资决策有重大影响的内部控制信息,公司都应充分披露。

第二节　知识产权合规

一、知识产权合规的含义

与其他发达国家相比,我国受到经济发展水平的制约,知识产权工作起步较晚,但进步较快。到目前为止,我国已经制定了比较完善的专利法、商标法、著作权法等相关法律。有关中国企业知识产权的合规管理的要求散见于《民法典》《刑法》《商标法》《专利法》等法规中。知识产权管理工作包括维持权利有效性、进行权利转让、许可等。由于知识产权的有效期限、维护措施、续期方式均不同,需要进行定期监控,其间也可能涉及较为烦琐的程序流程。如果企业知识产权数量较大,或者在多个关联公司知识产权权属较为分散的情况下,为了保证企业知识产权得到有效保护与最高效率的运用,建议设立专门的知识产权管理部门或公司,以对知识产权进行统一管理和运作。

二、知识产权合规的要点

企业知识产权合规管理会涉及多种知识产权类型，企业知识产权管理体系是一个整体，涉及企业运营的方方面面，包括研发、采购、生产、销售等环节。企业知识产权管理体系也涉及企业的所有员工。下面从企业的各个部门入手，详细解释企业知识产权应该如何管理，以合乎国家标准《企业知识产权管理规范》（GB/T 29490—2013）的规定。具体而言，不同部门在企业知识产权合规的体系中承担着不同的功能，主要体现在以下方面。

（一）采购部

对于生产型企业来说，采购原材料或者零部件、半成品是企业整个生产流程的第一步。《专利法》第 77 条规定：“为生产经营目的使用、许诺销售或者销售不知道是未经专利权人许可而制造并售出的专利侵权产品，能证明该产品合法来源的，不承担赔偿责任。”虽然企业不承担赔偿责任，但要停止侵权行为，这对于企业的生产运行是非常不利的。因此，企业在采购之前，一定要对对方产品进行知识产权背景调查；和对方企业签订采购合同时，也要让对方出具知识产权保证书，以便在将来发生纠纷时，还可以以对方违约为由进行索赔，从而降低企业的损失。

（二）研发部

研发阶段是和知识产权关系最紧密的环节。研发过程是最容易形成知识产权的阶段。例如，研发出的新产品或者新技术，如果技术含量高、保护价值大，就可以申请发明，如果是对装置设备的小改进，可以申请实用新型。在研发的过程中，企业应当密切关注研发进展，对于已经成型的研发成果，要及时申报知识产权，以免被别人抢先。

（三）生产部

开始生产后，并不意味着知识产权已经全部完毕。实际上，研发所形成的方案在具体生产过程中，从研发的小规模再到生产的大规模，很多工艺或者方法可能还会发生一些改动，或者在具体生产过程中，为了适应工艺改进，对于设备也要进行改进。这些都会进一步形成知识产权。因此，企业要及时对这些知识产权进行申报保护。

（四）销售/产品宣发部

产品生产完毕后，市场销售是最后一个环节。在销售环节，企业最直接面对的是广告宣传的问题。首先，广告宣传不能过分夸大其词，避免有虚假宣传的嫌疑。其次,广告宣传一定要注意对于知识产权的描述。毕竟,广告宣传的广告词、宣传册本身就涉及知识产权,一些标志性的用语会涉及版权问题。

(五)人事/人力资源部

人事应该在员工入职和离职时做好知识产权防范工作。在入职前,企业应该对员工做好知识产权背景调查,避免此人入职本企业后侵犯此人前公司的知识产权,从而造成对公司不必要的损害;在任职期间,对于研发岗位或者可能接触公司商业秘密的工作人员,人事部门应当让员工签署约定知识产权的相关协议以及保密协议;对于打算离职的人员,也应当督促离职员工签署执业竞业限制等协议。

三、上市公司知识产权侵权相关案例

典型案例之四川 JX 股份有限公司与山东 HL 股份有限公司等侵害技术秘密纠纷案,具体内容如下:

1. 案件各方

原告:四川 JX 股份有限公司、北京 YJ 有限公司

被告:山东 HL 股份有限公司、宁波 AT 工程设计有限公司、宁波 HC 管理咨询有限公司、Y 某某

2. 案情简介

JX 公司、YJ 公司系专利号为 20111010＊＊＊＊.9、名称为“节能节资型气相淬冷法＊＊生产系统及其工艺”的发明专利权利人,JX 公司亦为采用加压气相淬冷法生产＊＊的方法及使用该方法的生产系统相关技术秘密权利人。JX 公司、YJ 公司针对 HHLS 公司等四被告侵害涉案专利权的行为向广州知识产权法院提起诉讼。JX 公司亦针对上述四被告侵害技术秘密的行为向四川省成都市中级人民法院提起诉讼。两法院一审分别认定四被告共同实施了专利侵权行为、技术秘密侵权行为,均被判决停止侵害,并分别部分支持了有关损害赔偿请求。双方当事人对两案判决不服,均提起上诉。最高人民法院二审认为,各被诉侵权人具有侵权的意思联络,主观上彼此明知,先后实施相应侵权行为构成完整的侵权行为链,客观上分工协作,属共同故意实施侵权行为,应当对全部侵权损害承担连带责任。遂改判支持权利人的全部诉讼请求,判令侵权人以包括但不限于拆除的方式销毁侵权生产系统及有关技术秘密载体,共同连带赔偿权利人经济损失合计 2.18 亿元(其中,发明专利侵权案赔偿 1.2 亿元,技术秘密侵权案赔偿 9800 万元)。

3. 案件简评

本案作为最高人民法院发布的2022年50件典型知识产权案例之一,历时9年最终尘埃落定,这也是目前人民法院针对同一工程项目判赔额最高的知识产权侵权案件。

从整个诉讼案件的角度不难看出涉知产诉讼侵权之诉讼周期极长这一特点:从开始的寻找线索认定确有侵权行为,到固定证据的不易和过程烦琐,再到对比不同主体所拥有的产品、技术是否存在相似甚至雷同的情况以及侵权责任人内部的责任分配,每一步都存在诸多的不确定。而对于企业来说,知识产权很可能关系到公司运营、核心决策、技术研发等众多业务条线,对其良好的保护能够给公司带来诸多潜在的发展机会。反之,若知识产权涉及诉讼,可能导致该知识产权在比较长的一段时间内无法发挥作用,对公司的连续性经营和业务拓展可能带来诸多不便。

公司不仅要建立技术标准,还要建立合规标准。好的技术可以让公司发展更快,而好的合规可以让公司发展更稳、更远。因此,提高对知识产权的重视度,加强公司内部知识产权的合规持有及运作,对公司显得尤为重要。公司加强对所拥有的知识产权进行合理的隔离/保护,对维护自身公司合法利益起到举足轻重的作用:无论是内部知识产权相关信息系统建设,还是设立专门部门对知识产权进行管理,都能够较为有效减少乃至遏制知识产权外流以及被他人不合法、不合规利用的情况。

第三节　反舞弊及刑事合规

一、上市公司反舞弊

(一)上市公司涉及的主要舞弊类型及典型案例

1. 舞弊的概念

舞弊作为法律概念正式确立是在1988年召开的乌拉圭世界审计组织第18届大会上,此后关于舞弊的概念、反舞弊的手段在审计、法律领域快速发展,世界各地审计组织纷纷对舞弊进行相应的解释,各个国家也出台相关法律法规予以规制。

舞弊往往涉及通过欺骗手段获取非法经济利益,就财务(资本市场)角度而言,舞弊系通过管理部门、雇员或第三方中的单人或多人故意误报财务信息的行为①。

美国注册舞弊审查师协会(Association of Certified Fraud Examiner,ACFE)将除财务信息造假之外的其他错误使用职权而对企业造成重大负面影响的情况包含入舞弊行为中,其指出,舞弊的正式定义为故意滥用或不正当的使用就职组织(企业)的资源或财产,利用自己的职业谋取个人利益。此观点也为目前的主流观点。

从企业宏观的合规管理来看,舞弊是因组织或公司内控制度不规范、不严格滋生的,公司或其雇员利用其职务或地位的便利谋取不正当利益的行为。舞弊行为可能发生在公司日常生产经营的每一个环节。

2. 上市公司涉及的主要舞弊类型

APFC 将舞弊行为分为三类:腐败、资产侵占及财务报表造假。根据 APEC 对全球 133 个国家的 2110 个舞弊案件分析可以看到,舞弊为包括政府和企业在内的各类组织带来的经济损失约为全年总收入的 5%,直接经济损失超过 36 亿美元。

从全球范围来看,最为常见的舞弊行为首先是资产侵占,主要包括现金、存货或所有其他种类资产,其次是腐败,主要包括利益冲突、贿赂、非法酬金、经济勒索。此外,虽然财务报表造假的发生比例相对较少,但是造成平均经济损失最大。

反舞弊形式在我国依然严峻。2022 年 2 月 18 日证监会发布的一则通报指出,2021 年我国证券市场虚假陈述案件数量保持高位,重大欺诈、造假行为时有发生。2021 年办理虚假陈述案件 163 起,其中财务造假 75 起,同比增长 8%;向公安机关移送相关涉嫌犯罪案件 32 起,同比增长 50%。笔者认为,我国企业,特别是上市公司,在受限于疫情影响、经济下行、办公不便等条件下,舞弊行为数量呈上升趋势,其种类涉及财务造假、商业贿赂等行为。

3. 典型案例

2017 年 4 月,证监会对 YBT 公司进行立案调查,并于同年 12 月做出行政处罚。在该案中,YBT 公司进行多种造假行为:一方面,YBT 公司通过虚构海外工程进行利润调节,具体操作是通过第三方物流公司安排虚假出口,货物在海外周转后重新运回国内,并通过海外主体虚构回款;另一方面,YBT 公司在国内货物

---

① 参见《亚洲审计组织反舞弊和腐败指南》。

贸易上也制造了虚假的交易和资金链条。然而,由于公司治理和控制权结构的严重失衡,以及内外部审计的失效,YBT 公司的上述舞弊行为直到监管介入才东窗事发。

(二)反舞弊机制和原则

1. 舞弊相关的基础理论

(1)三角理论

舞弊三角理论是目前应用最为广泛的理论。① 该理论认为,舞弊行为的产生由压力、机会和借口三个因素构成。其中的压力来自经济与工作中,机会则为企业反舞弊能力不足、内控制度不健全、审计制度存在缺陷等;而借口,即自我合理化,公司的舞弊者必须要找到相对合理化的解释,使舞弊行为与其个人的、道德、行为相符合。

(2)"GONE"理论

GONE 理论的四个要素分别为贪婪(greed)、机会(opportunity)、需要(need)、暴露(exposure)。贪婪指的是舞弊者道德水平低下,罔顾长远利益与发展,使用不当方式满足当下对金钱及利益等的过高追求。机会包括企业内部的机会及企业外部的机会。企业内部的机会比如内控制度不健全、管理体系混乱、监管不力,企业外部的机会比如舞弊的相关法规不健全或审计机构与舞弊者相勾结等,这些给了舞弊者投机取巧的空间。需要即动因,指的是舞弊者为了达到不切实际的目的而冒险走"捷径"。暴露有两方面的表现:一是舞弊行为被发现概率的大小;二是违法成本是否足够震慑舞弊行为。②

(3)风险因子理论

此理论将舞弊的风险因子分为个别风险因子和一般风险因子。个别风险因子指的是每个人独特的因素,包括了道德、动机,一般风险因子指的是企业、组织、执法机构等组织的监管及惩处,包括了机会、违法成本等。③

2. 四层次机制理论

反舞弊的目的和作用:一方面在于维护公司利益,保障公司的正常运营;另一方面,公司舞弊引发的连锁反应和法律责任让管理层亦难逃其咎,因此反舞弊

---

① See Dorminey J., Fleming A. S. & Kranacher M., *The Evolution of Fraud Theory*, Issues in Accounting Education, 2012(2):555-579.

② 参见魏鹏:《基于 gone 理论的瑞幸咖啡财务舞弊及治理研究》,河北师范大学 2021 年硕士学位论文,第 8~10 页。

③ 参见李国桢:《基于舞弊风险因子理论的 IPO 财务舞弊案例分析——以欣泰电子为例》,江西财经大学 2019 年硕士学位论文,第 16~19 页。

也与管理层息息相关。反舞弊四层次机制理论建立在众多基础理论之上,该理论指出公司应建立高层的管理理念、业务经营过程的内部控制、内部审计、外部独立审计四道防线来防止企业舞弊。

高层的管理理念,即公司的管理层对反舞弊的重视程度,这决定着反舞弊是否能正常、有序、合理地开展。业务经营过程的内部控制,是指在注重企业经济及效率的情况下,要确保公司人员遵循相关法律规章,确保不能省却的步骤与程序得到有效的执行。内部审计、外部独立审计两道防线要求公司在选取会计师事务所及公司财务人员时应谨慎、细心。

3. 合规处理反舞弊的基本原则

本国企业可以借鉴国外的理论研究成果,但必须保持自身的独特性,遵循以下基本原则。

(1)内控制度科学完善

根据2018年国资委印发的《中央企业合规管理指引(试行)》(国资发法规〔2018〕106号)规定,国有企业、中央企业已经率先构建合规体系。上市企业根据证监会、上海证券交易所、深圳证券交易所等制定的一系列规章制度,也开始探索与摸索企业反舞弊的途径,以建立完善的内控制度。

(2)遵守法律位阶的基本原则

我国在发展社会主义市场经济的道路上稳步前行,创设了一系列具有中国特色的社会主义证券法律体系。企业在创建自身规章制度的情形下,应当考虑法律与经济效益相结合,不能顾此失彼。在坚持企业自身发展的前提下,创设遵循中国法律、相应行业准则的一系列公司制度,让完善、健全的内控制度为企业的发展注入活力。

(3)坚持多重监管

企业的发展,往往依赖于管理层的决策。保证管理层的廉洁是企业长远发展不可或缺的因素。然而,由管理层作为公司中反舞弊的主体远远是不够的,必须将内部监督及第三方监督有机结合,引入独立审计机构和独立法律服务机构,优势互补,缺一不可。

(4)保护个人隐私

其一,企业要把握反舞弊的"度",不能通过违反法律达到保护公司利益的目的。《数据安全法》《个人信息保护法》等法律法规要求公司探寻数据合规途径,在保护个人隐私的基础上开展反舞弊工作。其二,企业要建立举报人保护制度。根据APEC的报告,设有举报热线的企业将能更早地发现舞弊行为,损失也更低。公司通过建立举报热线，保护举报人的措施，以提升内部监管的积极性，保证公司的和谐、稳定。

（三）上市公司舞弊涉及类型及反舞弊措施

1. 舞弊涉及类型

针对上市公司的舞弊事件和舞弊风险，我们从前文总结的常见舞弊定义出发，可以看出上市公司的舞弊风险通常为以下几类：

（1）经营环节的滥用职权、商业贿赂、资产侵占等

例如，特定人员利用职务便利收受回扣，财务制造账外账，私设小金库等侵占上市公司资金、财产、商业机会；利用职务权利跳过或无视企业规章制度执行审批流程，导致上市公司内控失效，制度无法运作；对外（尤其是商业伙伴，监管部门）行贿，以较为隐蔽的手段或行为输送或转移利益。

（2）财务造假、虚构交易、违规担保等

例如，近年来的康美案、康得新案等，上市公司通过虚增交易，虚增资产规模、营业收入、利润等。造假手法从原先相对简单暴力的伪造订单，到关联方非关联化的循环制造虚假收入，再到通过虚增原材料采购和重新结转主营业务成本的组合模式，甚至伙同上下游、利益相关方、机构一起制造复杂的交易来实现造假，侵害股民利益。

（3）虚假陈述、内幕交易、操纵市场等

依赖于上市公司关键人物的身份地位，在涉及公司的经营、财务或者对该公司证券的市场价格有重大影响的尚未公开的信息未公开前，自己买卖或建议他人买卖相关证券的舞弊行为也越来越多。更有甚者，配合财务造假，联手资本操纵股票市场，对上市公司的良好形象造成了不利影响。

2. 反舞弊措施

对于上述舞弊情形，如何化解当下危机固然重要，然而如何防患于未然则是体现上市公司高质量发展的核心关键。

我们认为可以按照以下顺序，结合企业自身需求，进行舞弊风险防范。

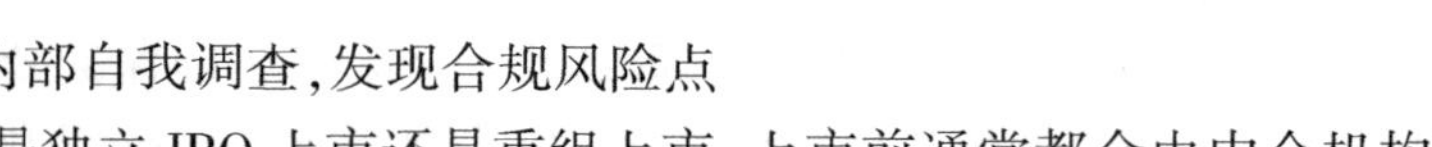

（1）内部自我调查，发现合规风险点

无论是独立 IPO 上市还是重组上市，上市前通常都会由中介机构对企业进行全面的尽职调查并接受监管部门的层层审核，为应对较为严格的上市标准，规范的力度较大。而上市后监管力度下降或者企业自身制度的不完善，加之企业

内部的商业模式变化、管理层的迭代,上市公司往往会疏于对自身情况的更新了解,导致其风险系数上升。虽然每年的财务报告对企业从某种意义上来说是一次年度总结,但是其往往疲于应付,没有真正从发现风险的角度出发。因此,在讨论如何防范舞弊时,上市公司首先应该通过内部或聘任专业机构以较为严格的核查力度和标准,对公司从业务、财务、人员、制度的制定到落实情况进行定期体检,也可以结合时下查处的案例以及行业高危之处(比如药企的销售推广,工程企业的分包转包等),识别企业的舞弊风险点,以判断这样的风险是流程性的还是个人行为,是群体性的还是个别现象。这样有助于企业对症下药。

(2)设立反舞弊部门

关于要不要单独设立反舞弊部门的问题,则可结合企业的自身规模和风险程度来考虑。可以是依托于法律部、风控合规或纪检部门下的具有独立反舞弊职能的岗位,但绝不能把其当作简单的法律的文本审核部门或是流于表象的程序部门。

从企业存亡和发展的角度看,初创企业往往因成本考虑,大多会舍弃或降低反舞弊的优先层级,但对于成熟的上市公司而言,设置具有独立审核和反对能力的反舞弊部门或者职位确实十分必要的。同时,为达到真正的管控效果,负责人员也应该是至少由高管级别甚至是董事长、法定代表人作为第一责任人,从上而下地传达反舞弊的决心和重要性。

(3)建立反舞弊制度、流程

根据《企业内部控制基本规范》的规定,"企业应当建立反舞弊机制,坚持惩防并举、重在预防的原则,明确反舞弊工作的重点领域、关键环节和有关机构在反舞弊工作中的职责权限,规范舞弊案件的举报、调查、处理、报告和补救程序"。

一个有效的反舞弊制度应该涵盖企业内化的日常反舞弊调查形式和流程,如何面对举报,怎样追责,何种程度下应该交由外部乃至移送有关部门,从而保证执行环节做到调查有据可依,处罚由规章可参照,避免制度朝令夕改,不成体系。当然,反舞弊制度作为企业内控制度的一部分,其核心是服务和赋能业务,并不是限制业务的发展,因此在制度设计时也应避免过于烦琐或是过分加重企业和相关人员的负担而影响企业的正常运作。

(4)评价体系、价值观输出

上市公司作为公众公司,保护中小股东的利益一直以来是核心要务。结合良好的制度建设，通过企业诚信文化建设，一方面对外塑造诚实守信、遵纪守法的良好社会形象，另一方面向内传递价值观，让员工从认识和观念上杜绝舞弊，真正增加企业的核心竞争力。

（四）财务领域防范舞弊——提升上市公司财务报告内部控制有效性

2022 年 3 月 18 日，财政部、证监会发布了《关于进一步提升上市公司财务报告内部控制有效性的通知》，旨在加强对上市公司实施企业内部控制规范的管理、指导和监督，规范会计师事务所内部控制审计行为，提升上市公司财务报告内部控制有效性和会计信息质量，强化资本市场领域财会监督力度。

针对当前多发的上市公司财务造假和相关内部控制缺陷现象，应提升上市公司财务报告内部控制有效性，其主要目标是评估和应对为迎合市场预期或特定监管要求、谋取以财务业绩为基础的私人报酬最大化、骗取外部资金、侵占资产、违规担保、内幕交易、操纵市场等动机，以及对财务报告信息作出虚假记载、误导性陈述或者重大遗漏的风险，特别是防范上市公司董事、监事、高级管理层和实际控制人等“关键少数”的舞弊风险。财务报告内部控制主要表现为以下领域：

1. 资金资产活动相关舞弊和错报的风险与控制。
2. 收入相关舞弊和错报的风险与控制。
3. 成本费用相关舞弊和错报的风险与控制。
4. 投资活动相关舞弊和错报的风险与控制。
5. 关联交易相关舞弊和错报的风险与控制。
6. 重要风险业务和重大风险事件相关的风险与控制。
7. 财务报告编制相关的风险与控制。

上市公司作为第一责任人，要确保财务报告内部控制有效实施。上市公司应当根据企业内部控制规范和本通知要求，建立健全内部控制制度，科学、客观认定内部控制缺陷，重点对上述 7 个领域的财务报告内部控制有效性进行评价，出具年度内部控制评价报告。内部控制评价报告应当对内部控制缺陷认定标准进行详细说明，对认定过程进行清晰阐述，从而提高缺陷认定的透明度，以便外部审计人员和投资者进行评价。上市公司应当授权内部审计机构或履行内部审计职能的机构对内部控制的有效性进行监督，保证其机构设置、人员配备和工作的独立性，对监督中发现的内部控制重大缺陷，应及时向董事会和监事会报告，并督促整改。上市公司董事会应严格执行上市公司信息披露相关规定，保证公开披露的报告内容不存在任何虚假记载、误导性陈述或重大遗漏，并对内部控制评价报告内容的真实性、准确性和完整性负责。

二、上市公司防范刑事风险及合规

(一)区分企业责任和员工责任

上市公司防范刑事风险的重要原则在于区分企业责任和员工责任。实践中,上市公司被卷入的刑事案件经常起源于内控失效情形下的员工个人行为,而这类行为如果可以被认定为员工个人责任而非企业法人责任,将有效降低上市公司自身的风险。

企业责任指的是企业实施不法行为并承担不法行为的后果。员工责任指的是员工实施不法行为但并不牵连公司,仅由其自身承担法律后果。我国对于犯罪主体及承担责任主体的划定的相关法律规定,主要见于例如最高人民法院《关于审理单位犯罪案件具体应用法律有关问题的解释》、《刑法》第 30 条、《全国法院审理金融犯罪案件工作座谈会纪要》、《关于办理非法集资刑事案件若干问题的意见》、"两高三部"《关于办理环境污染刑事案件有关问题座谈会纪要》等的规定。

根据上述法规,并结合我们法律服务的实践经验,就确认一个法律行为所产生的法律后果是否归于企业或是个人,现总结如下:

1. 确认公司是否为进行违法犯罪活动而设立的,如果是,为企业责任。

2. 确认公司设立后,是否以实施犯罪为主要活动,如果是,为企业责任。

3. 确认行为人的主观目的,是否为单位谋取利益,如果是,为企业责任。

4. 确认违法所得是否归公司占有,如果是,为企业责任。

5. 确认行为人对外是否以单位名义进行违法活动,如果是,可能为企业责任。

6. 确认企业是否对行为人从事违法犯罪活动知情,如果是,为企业责任。

当然,上述因素并非绝对,需要结合案件的实际情况确认责任的归属。

(二)企业对法律制裁的应对及抗辩理由

根据《刑法》及《反不正当竞争法》中规定的抗辩理由,企业可以从以下方面入手抗辩:

1. 证明没有实际从违法活动中获取利益。例如,如果属于被索贿的情况,提供财务的行为不属于行贿罪。

2. 证明不法行为与企业无关。例如,当企业已经制定完善的合规体系,有很强的反商业贿赂意识,企业职员的贿赂行为有可能与公司无关。

（三）企业管理层对法律制裁的应对及抗辩理由

若企业职员因犯罪最终结果归于企业承受，企业的管理层往往受到牵连，会受到行政处罚甚至刑事处罚。在实践中，管理层往往可能以企业职员的身份普通（并非企业管理层）、未经过企业合法合规等理由抗辩。

（四）企业合规不起诉

企业合规不起诉指的是检察机关对于办理的涉及企业的刑事案件，在依法作出不批准逮捕、不起诉决定或者根据认罪认罚从宽制度提出轻缓量刑建议等的同时，针对企业涉嫌具体犯罪，结合办案实际，督促涉案企业作出合规承诺并积极整改落实，促进企业合规守法经营，减少和预防企业犯罪。

2021 年 6 月，最高人民检察院联合司法部等部门共同发布了《关于建立涉案企业合规第三方监督评估机制的指导意见（试行）》（以下简称《指导意见》），根据《指导意见》的规定，涉案企业合规第三方监督评估机制（以下简称第三方机制），是指人民检察院在办理涉企犯罪案件时，对符合企业合规改革试点适用条件的，交由第三方监督评估机制管理委员会（以下简称第三方机制管委会）选任组成的第三方监督评估组织（以下简称第三方组织），对涉案企业的合规承诺进行调查、评估、监督和考察。考察结果作为人民检察院依法处理案件的重要参考。

《指导意见》的发布，拉开了我国开展刑事合规试点工作的司法实践序幕。开展涉案企业合规改革试点的直接目的是：防止不当办一个案件，垮掉一个企业；更高的目标是：通过办好每一个案件，积极营造法治化营商环境，促进企业规范发展。同时，督促涉案企业"真整改""真合规"，企业合规整改不是走过场的"纸面合规"、可改可不改的"软约束"，更不是涉案企业的无条件"免罚金牌"①。

涉案企业合规改革适用的案件类型，包括公司、企业等市场主体在生产经营活动涉及的各类犯罪案件，既包括公司、企业等实施的单位犯罪案件，也包括公司、企业实际控制人、经营管理人员、关键技术人员等实施的与生产经营活动密切相关的犯罪案件。

在具体运作机制上，根据《指导意见》及有关地方检察院的规定，主要包括以下内容：

1. 合规工作的启动

人民检察院在办理涉企犯罪案件时，应注意审查其是否符合企业合规试点

---

① 参见最高人民检察院：《涉案企业合规改革两年来十大"争议点"》，载最高人民检察院网，https://www.spp.gov.cn/llyj/202303/t20230309_607060.shtml。

以及第三方机制的适用条件,并及时征询涉案企业、个人的意见。涉案企业、个人及其辩护人、诉讼代理人或者其他相关单位、人员提出适用企业合规试点以及第三方机制申请的,人民检察院应当依法受理并进行审查。

2. 第三方组织的确定

第三方机制管委会应当根据案件具体情况以及涉案企业类型,从专业人员名录库中分类随机抽取人员组成第三方组织,并指定具体负责人,向社会公示。

第三方组织组成人员名单应当报送负责办理案件的人民检察院备案。

3. 监督评估工作的开展

第三方组织应当要求涉案企业提交专项或多项合规计划,并明确合规计划的承诺完成时限。

涉案企业提交的合规计划,应重点围绕与企业涉嫌犯罪有密切联系的企业内部治理结构、规章制度、人员管理等方面存在的问题,制定可行的合规管理规范,构建有效的合规组织体系,健全合规风险防范报告机制,弥补企业制度建设和监督管理漏洞,防止再次发生相同或者类似违法犯罪行为。

第三方组织应当对涉案企业合规计划的可行性、有效性与全面性进行审查,并送第三方机制管委会和承办案件的人民检察院备案,人民检察院认为合规计划存在疏漏或不当的,应及时建议第三方组织指导企业补充、修正。

第三方组织可根据工作需要和企业经营实际,采取以下两种监督评估方式:一是对合规整改周期在6个月以上的企业,可采取定期实地考察、临时走访抽查和派驻监管员驻企监管相结合的方式;二是对合规整改周期在6个月以下的企业,以定期实地考察、临时抽查为主要方式。

在合规考察期内,第三方组织应定期或者不定期对涉案企业合规计划履行情况进行评估,可要求涉案企业定期书面报告合规计划的执行情况,并抄送负责办理案件的人民检察院同步审查,人民检察院审查后,及时向第三方组织提出意见建议。

此外,对于涉案企业的合规计划,考虑到后续监督评估工作可量化,最高人民检察院联合司法部等部门发布的《涉案企业合规建设、评估和审查办法(试行)》还规定了第三方组织对涉案企业专项合规整改计划和相关合规管理体系有效性的评估,重点包括以下内容:(1)对涉案合规风险的有效识别、控制;(2)对违规违法行为的及时处置;(3)合规管理机构或者管理人员的合理配置;(4)合规管理制度机制建立以及人力物力的充分保障;(5)监测、举报、调查、处理机制及合规绩效评价机制的正常运行;(6)持续整改机制和合规文化已经基本形成。

应围绕上述重点建立合规工作清单制度,为涉案合规计划及其整改的评估与监督提供可视化、可量化的考核指标。

4. 监督评估工作的终止

第三方组织发现涉案企业或其人员具有以下情形之一的,应当中止第三方监督评估程序,并及时向第三方机制管委会报告,向承办案件的人民检察院进行通报。由第三方机制管委会商承办案件的人民检察院后,终止对该企业的合规监督评估工作:(1)实施新的犯罪或发现漏罪;(2)无正当理由,拒不实施或变相不实施既定合规计划,拒不配合考察机构考察工作的;(3)具有其他严重干扰考察工作开展或不宜继续进行考察行为的。

5. 合规成果的认定与反馈

第三方组织在合规考察期届满后,应当对涉案企业的合规计划完成情况进行全面检查、评估和考核,制作书面合规考察报告,对企业合规情况提出明确考察意见,并报送负责选任第三方组织的第三方机制管委会和承办案件的人民检察院。

如果人民检察院通过审查发现报告本身或企业合规情况存在疑点或问题的,应向第三方机制管委会提出意见建议,必要时可自行开展调查核实工作。

人民检察院发现涉案企业在预防违法犯罪方面制度不健全、不落实,管理不完善,存在违法犯罪隐患,需要及时消除的,可以结合合规材料,向涉案企业提出检察建议。

6. 合规成果的运用

合规成果在刑事处罚中的运用:人民检察院在办理涉企犯罪案件过程中,应当将第三方组织合规考察书面报告、涉案企业合规计划、定期书面报告等合规材料,作为是否变更强制措施以及依法作出起诉或者不起诉等决定,提出量刑建议或者检察建议、检察意见的重要参考。

人民检察院对于拟变更强制措施、拟作不起诉等决定的涉企犯罪案件,可以根据《人民检察院审查案件听证工作规定》召开听证会,并邀请第三方组织组成人员到会发表意见。

人民检察院通过第三方机制,发现涉案企业或其人员存在其他违法违规情形的,应当依法将案件线索移送有关主管机关、公安机关或纪检监察机关处理。

合规成果在行政处罚中的运用:对涉案企业刑事程序终结后,需予以行政处罚的案件,人民检察院应将合规考察报告副本移送相应行政机关,并视情以检察建议或其他适当方式,建议行政机关对涉案企业减轻或免除处罚,行政机关对企业合规情况和检察机关建议进行评估后,原则上应对涉案企业减轻或免除处罚。

(五)刑事合规体系建设

最高人民检察院联合司法部等部门发布的《涉案企业合规建设、评估和审查办法(试行)》,对于涉案企业合规建设、评估和审查做了更细化的规定。其中关于涉案企业形式合规体系建设,《涉案企业合规建设、评估和审查办法(试行)》规定:

1. 涉案企业应当全面停止涉罪违规违法行为,退缴违规违法所得,补缴税款和滞纳金并缴纳相关罚款,全力配合有关主管机关、公安机关、检察机关及第三方组织的相关工作。

2. 涉案企业一般应当成立合规建设领导小组,由其实际控制人、主要负责人和直接负责的主管人员等组成,必要时可以聘请外部专业机构或者专业人员参与或者协助。合规建设领导小组应当在全面分析研判企业合规风险的基础上,结合本行业合规建设指引,研究制订专项合规计划和内部规章制度。

3. 涉案企业制订的专项合规计划,应当能够有效防止再次发生相同或者类似的违法犯罪行为。

4. 涉案企业实际控制人、主要负责人应当在专项合规计划中作出合规承诺并明确宣示,合规是企业的优先价值,对违规违法行为采取"零容忍"的态度,确保合规融入企业的发展目标、发展战略和管理体系。

5. 涉案企业应当设置与企业类型、规模、业务范围、行业特点等相适应的合规管理机构或者管理人员。合规管理机构或者管理人员可以专设或者兼理,合规管理的职责必须明确、具体、可考核。

6. 涉案企业应当针对合规风险防控和合规管理机构履职的需要,通过制定合规管理规范、弥补监督管理漏洞等方式,建立健全合规管理的制度机制。涉案企业的合规管理机构和各层级管理经营组织均应当根据其职能特点设立合规目标,细化合规措施。合规管理制度机制应当确保合规管理机构或者管理人员独立履行职责,对于涉及重大合规风险的决策具有充分发表意见并参与决策的权利。

7. 涉案企业应当为合规管理制度机制的有效运行提供必要的人员、培训、宣传、场所、设备和经费等人力、物力保障。

8. 涉案企业应当建立监测、举报、调查、处理机制,保证及时发现和监控合规风险,纠正和处理违规行为。

9. 涉案企业应当建立合规绩效评价机制,引入合规指标对企业主要负责人、经营管理人员、关键技术人员等进行考核。

10. 涉案企业应当建立持续整改、定期报告等机制,保证合规管理制度机制根据企业经营发展实际不断调整和完善。

需要注意的是,《涉案企业合规建设、评估和审查办法(试行)》规定的合规体系应视为宏观的且为最低标准的要求,各涉案企业应在此基础上聘请专业机构与刑事合规团队根据公司及涉案具体情况,建立更加完善、具体和有实效性的形式合规体系。

如果企业构建完善、科学的合规制度体系,这将成为企业发展强有力的保障,也是规范企业人员行为作风、促进自身长远发展的治本之策。

第二章　上市公司发展及资本运作

再融资

第一节　上市公司再融资的主要途径

一、再融资的主要途径

与我们通常所说的“IPO”（Initial Public Offerings）即首次公开发行股票的概念所相对应的，便是上市公司“再”融资。公司在首次公开发行股票后即成为上市公司，同时其从资本市场也募集了一定量的资金，但上市公司在发展过程中还可能面临更多资金需求的情况。在此种情况下，上市公司一方面考虑从银行获得贷款以解决资本短缺问题，另一方面也可考虑再次从资本市场融资。本章着重分析我国境内 A 股上市公司从资本市场获得融资（俗称再融资）的基本情况。

从实践来看，再融资的方式还是多样的，其主要方式分为股权类融资以及债权类融资。股权融资的方式主要包括：配股、公开增发、非公开发行股票等；债权融资主要包括发行不同类型的债券。其中，最为常见的再融资方式为配股、增发、可转债等。根据 Wind 的数据统计，在 2022 年，共有 282 家上市公司定增融资 5154.77 亿元，平均募资 18.28 亿元。其中主板、创业板、科创板、北交所定增项目分别发行了 166 家、83 家、30 家、3 家，募资总额分别为 3345.63 亿元、1309.05 亿元、496.94 亿元、3.15 亿元，平均募资分别为 20.15 亿元、15.77 亿元、16.56 亿元、1.05 亿元。2022 年，可转债发行数量为 147 只，发行总规模 2125.59 亿元，平均募资 14.46 亿元。其中主板、创业板、科创板可转债发行分别为 83 家、38 家和 26 家,发行总额分别为 1652.23 亿元、237.90 亿元、235.46 亿元,平均发行规模分别为 20 亿元、6 亿元和 9 亿元。此外,2022 年共有 10 家配股发行,募资金额合计 633.80 亿元,平均募资 63.38 亿元。

下面将对几种主要再融资方式的基本概念和主要特征进行分析。

(一)配股

配股是指上市公司向原股东配售(发行)股份,也就是上市公司向原股东按同一比例配售新股(原股东也可以选择放弃)。这种融资方式的主要特征是无需引入新股东,因此也不会引起新老股东的相关利益纠纷。此外,这种融资方式的发行难度较低,操作比较简便,审批流程整体耗时较短,能够在较短时间内完成募集资金的目标,是上市公司较常采纳的再融资途径之一。

(二)增发

区别于配股,增发是向某些特定的对象(既可以是老股东,也可以是新股东)发行股份。增发又可进一步细分为公开增发和非公开发行两种方式。公开增发是指上市公司以公开的方式向不特定对象发行股份,非公开发行则是指上市公司以非公开的方式向特定对象发行股份。其中,非公开发行股票因其发行自由度较大和受监管限制较小的优势,成为大多数上市公司再融资途径的选择之一。

如前文所述,两种增发方式面向的发行对象包括符合资格的原有股东及其他未持有公司股票的投资者,较配股而言,可能会对公司老股东的持股比例造成一定的稀释。此外,增发的发行对象更为宽泛,因此其也具有更为广泛的融资渠道及融资规模。

(三)优先股

无论是配股还是增发,持有人持有的股份都是普通股。但上市公司发行的优先股有别于普通股。其特殊性在于,优先股的持有人优先于普通股股东分配公司利润和剩余财产,但其参与公司决策管理等的权利受到限制。优先股股东按照约定的票面股息率,优先于普通股股东分配公司利润。但优先股股东的表决权受到限制,除特殊情况外,优先股股东不出席股东大会会议,所持股份没有表决权。

(四)债券

债券是指上市公司发行、约定在一定期限还本付息的有价证券。从债的品种来看,上市公司发行的常见债券品种有可转债、可交债等。主要的债券类型如下。

1. 可转换公司债券

可转换公司债券(可转债)在发行的时候是债券,但该债券的持有人享有特殊权利,即在一定时间内可以按照既定的转股价格转换为指定股票。转股权是转债持有者的权利,而非义务,投资者可以选择转股也可以选择继续持有转债。可转债可以看作"债券+股票期权"的组合。因可转债持有人对债券是否转换为股票拥有选择权,所以可转债具有股票和债券的双重属性。

2. 可交换公司债券

可交换公司债券(可交债)是指上市公司的股东依法发行、在一定期限内依据约定的条件可以交换成该股东所持有的上市公司股份的公司债券,它赋予债券投资人在一定期限内有权按照事先约定的条件将债券转换成发行人所质押的上市公司的股票。与可转债不同,可交债的发债主体是上市公司股东,股份来源是既有股份,并且可交债换股不会导致标的公司的总股本发生变化,也无摊薄收益的影响。

(五)资产证券化(Asset-backed Securities,ABS)

资产支持证券,是指企业或其他融资主体将合法享有的、缺乏流动性但具有可预测的稳定现金流的资产或资产组合(基础资产)出售给特定的机构或载体(Special Purpose Vehicle,SPV),SPV以该基础资产产生的现金流支持发行证券,以获得融资并最大化提高资产流动性的一种结构性融资手段。基础资产类型包括企业应收款、租赁债权、信贷资产、信托受益权等财产权利,以及基础设施、商业物业等不动产财产或不动产收益权等其他财产权利。所以,严格意义上讲,资产证券化属于债券的一种,只不过债券是在企业信用和担保前提下发行的证券产品,而资产证券化却是以某个特定的资产池为基础。

二、上市公司如何选择再融资途径的关注点

上市公司再融资已成为上市公司外部募资的惯常操作。再融资的途径亦是种类繁多、操作灵活,因此对于上市公司来说,选择合适的再融资途径需要经过综合、专业的判断。上市公司应考虑的因素主要有:

1. 资金需求:公司需要确定所需资金的规模和用途,再融资手段应能满足公司的资本需求。从规模来说,如果公司资金需求较大,可能需要考虑通过增发等方式进行募资;从用途来说,增发融得的资金会面临较严格的监管,如果公司对资金用途的需要和管理并不明确和严格,则可能存在相关风险。

2. 成本和费用:不同的再融资手段涉及不同的成本和费用,包括发行费用、

利息支出等,公司需要评估这些成本是否可承受。

3. 股权结构:公司应考虑再融资后的股权结构,避免股权过于分散或控制权过于集中。比如说,如果公司的控制权较为分散,股权融资容易造成公司控制权的进一步稀释,这种情况下可以考虑通过债权融资取得资金;而当公司的控制权非常集中,存在增加其他股东持股比例的空间时,通过增发等方式进行融资则有所助益。

4. 市场状况:公司应对市场环境进行分析,选择适合当前市场的再融资方式。一方面是行业市场,公司自身所处行业的周期和形势应纳入公司的考虑,当行业整体处于上行期,股权融资可以获得较好效果。另一方面是二级市场整体的状况,当二级市场较为低迷,公司通过发行证券进行再融资的计划则需要与投资者、交易所及监管部门积极沟通,寻找合适的时点进行。

5. 法律法规:公司需要遵守证券监管机构的规定,确保再融资方案的合法性和合规性。

6. 投资者反应:考虑投资者对不同再融资手段的反应,选择有助于提升投资者信心的方式。

7. 公司治理:再融资手段应与公司治理结构相匹配,避免引发潜在的利益冲突或治理问题。

第二节　增发

一、增发的程序及适用规则

(一)一般程序

上市公司股票增发,大体可以分为筹备、审议、审核和发行四个阶段。

一是筹备阶段。在这一阶段,上市公司需要制定股票发行方案、关于该发行方案的论证分析报告以及本次募集资金使用的可行性报告。根据《上市公司证券发行注册管理办法》的规定,董事会在考虑、策划发行方案的论证分析报告时,应当结合上市公司所处行业和发展阶段、融资规划、财务状况、资金需求等情况进行论证分析。

二是审议阶段。经过前期筹备,股票增发进入审议阶段。在这一阶段,需要由董事会依法对前述发行方案、论证分析报告、募集资金使用的可行性报告以及其他需要明确的事项进行审议并提请股东大会批准。值得注意的是,《上市公司证券发行注册管理办法》还对上市公司再融资和公司首次公开发行之间的期限做出了规定,明确了董事会关于上市公司发行证券的决议日与首次公开发行股票上市日的时间间隔不得少于6个月。换言之,自公司发行上市之后至少要经过6个月才能正式启动关于再融资的内部审议程序。

经过董事会的审议,股票增发还需要股东大会的同意。在审议的程序上,股东大会就发行证券事项作出决议,必须经出席会议的股东所持表决权的三分之二以上通过,中小投资者表决情况应当单独计票。向本公司特定的股东及其关联人发行证券的,股东大会就发行方案进行表决时,关联股东应当回避。此外,上市公司如果计划通过股票增发等再融资方式引进战略投资者,这一事项应作为单独议案提交董事会和股东大会就每名战略投资者单独审议、表决。

三是审核阶段。通过内部审议程序之后,接下来就是证监会及交易所的审核阶段。上市公司应当按照中国证监会有关规定制作注册申请文件,依法由保荐人保荐并向交易所申报。而交易所在收到注册申请文件后,5个工作日内作出是否受理的决定。在作出受理决定之后,交易所审核部门负责审核上市公司证券发行上市申请;交易所上市委员会负责对上市公司向不特定对象发行证券的申请文件和审核部门出具的审核报告提出审议意见。对此,上市公司应当向交易所报送审核问询回复的相关文件,并以临时公告的形式披露交易所审核问询回复意见。

经过问询与回复,交易所按照规定的条件和程序,形成上市公司是否符合发行条件和信息披露要求的审核意见,如果认为上市公司符合发行条件和信息披露要求的,交易所将审核意见、上市公司注册申请文件及相关审核资料报中国证监会注册;如果认为上市公司不符合发行条件或者信息披露要求的,交易所作出终止发行上市审核决定。值得注意的是,自受理注册申请文件之日起2个月内,交易所就需要形成审核意见。而与IPO类似,上市公司根据要求补充、修改申请文件,或者交易所按照规定对上市公司实施现场检查,要求保荐人、证券服务机构对有关事项进行专项核查,并要求上市公司补充、修改申请文件的时间不计算在上述时限内。

四是发行阶段。经过了前述层层流程,最后是证券发行的阶段。中国证监会的予以注册决定,自作出之日起1年内有效,上市公司应当在注册决定有效期内发行证券,发行时点由上市公司自主选择。

(二)简易程序

为了提高上市公司的融资效率,证监会针对满足一定条件的小额度融资设置了更便捷的简易审核程序,以缩短再融资的审核时间。根据《上市公司证券发行注册管理办法》的规定,上市公司年度股东会可以根据公司章程的规定,授权董事会决定向特定对象发行融资总额不超过人民币3亿元且不超过最近1年末净资产20%的股票,该项授权在下一年度股东会召开日失效。而当上市公司再融资基于前述情况申请向特定对象发行股票的,适用简易程序。简易程序与一般程序的对照如下:

简易程序:上市公司向交易所提交注册申请→交易所决定是否受理(2个工作日)→交易所形成审核意见并报送证监会(3个工作日)→证监会作出注册决定(沪深3个工作日,北交所15个工作日)→上市公司完成发行缴款(沪深10个工作日)→上市公司完成发行(1年)。

一般程序:上市公司向交易所提交注册申请→交易所决定是否受理(5个工作日)→交易所形成审核意见并报送证监会(2个月)→证监会作出注册决定(15个工作日)→上市公司完成发行(1年)。

二、增发主要类型的对比

(一)向不特定对象发行

1. 发行方式:公开。

2. 投资者:不特定。

3. 发行条件:(1)上市公司的组织机构健全、运行良好(7条标准);(2)上市公司的盈利能力具有可持续性(5条标准);(3)上市公司的财务状况良好(3条标准);(4)上市公司最近36个月内财务会计文件无虚假记载,且不存在重大违法行为(5条标准);(5)其他公开发行证券的禁止性条件(6条标准)。

4. 发行规模:无限制。

5. 定价规则:不低于公告招股意向书前20个交易日或者前1个交易日公司股票均价。

6. 锁定期:无。

(二)向特定对象发行(定向增发)

1. 发行方式:非公开(确定投资者)。

2. 投资者:35名以内特定投资者。

3. 发行条件:公开发行证券的禁止性条件。

4. 发行规模:拟发行的股份数量原则上不得超过本次发行前总股本的30%。

5. 定价规则:(1)发行价格应当不低于定价基准日前20个交易日公司股票

均价的 80%;(2)定价。

6. 锁定期:(1)自发行结束之日起 6 个月内不得转让。(2)特殊主体自发行结束之日起 18 个月内不得转让。其中特殊主体包括上市公司的控股股东、实际控制人或者其控制的关联人,以及通过认购本次发行的股票取得上市公司实际控制权的投资者和董事会拟引入的境内外战略投资者。

(三)向特定对象发行(非定向增发)

1. 发行方式:非公开(一定范围内投资者)。

2. 投资者:35 名以内特定投资者。

3. 发行条件:公开发行证券的禁止性条件。

4. 发行规模:拟发行的股份数量原则上不得超过本次发行前总股本的 30%。

5. 定价规则:(1)发行价格应当不低于定价基准日前 20 个交易日公司股票均价的 80%;(2)定价或询价。

6. 锁定期:(1)自发行结束之日起 6 个月内不得转让。(2)特殊主体自发行结束之日起 18 个月内不得转让。其中特殊主体包括上市公司的控股股东、实际控制人或者其控制的关联人,以及通过认购本次发行的股票取得上市公司实际控制权的投资者和董事会拟引入的境内外战略投资者。

三、发行股份购买资产

在上市公司增发的实践中,还有一类情形较为特殊,即上市公司增发股票的目的在于收购资产。在这种情况下,上市公司要适用《上市公司重大资产重组管理办法》等相关法律法规的规定进行操作。具体内容详见本书"上市公司并购及重大资产重组"章节。

四、其他关注要点与审核要点

首先,结合全面注册制改革的监管风向,上市公司无论是首次公开发行股票并上市还是增发均需要围绕"两符合""四重大"进行论证。根据《监管规则适用指引——发行类第 8 号:股票发行上市注册工作规程》的规定:"两符合"是指申请股票发行上市的项目是否符合国家产业政策、是否符合拟上市板块定位;"四重大"是指项目是否涉及重大敏感事项、重大无先例情况、重大舆情、重大违法线索。根据《上市公司证券发行注册管理办法》的规定,中国证监会在交易所收到上市公司注册申请文件之日起,同步关注其是否符合国家产业政策和板块定位。此外,交易所应当建立重大发行上市事项请示报告制度。交易所在审核过程中，如果发现重大敏感事项、重大无先例情况、重大舆情、重大违法线索的，应当及时向中国证监会请示报告。

关于符合国家产业政策和板块定位，上市公司通常基于公司主营业务，结合国家产业政策法规进行论证，具体可以从本次发行符合国家产业发展趋势，符合相关行业法律法规，不属于产能过剩行业或限制类、淘汰类行业、高耗能、高排放行业等角度展开。

关于"四重大"，上市公司通常会通过主管部门开具合规证明、网络舆情查询、发行人自身及董监高等重要人员确认等方式进行论证。

例如，某公司《2023 年度向特定对象发行股票募集说明书》中写道，"通过发行人已取得的注册地工商局、税务局、应急管理局、住房公积金中心、自然资源和规划局、人力资源和社会保障局等相关政府主管部门出具的证明，同时根据媒体报道情况、国家企业信用信息公示系统、天眼查、企查查等公开网站查询确认，公司本次发行不涉及重大敏感事项、重大无先例情况、重大舆情、重大违法线索的情形。公司本次发行符合《发行监管指引第 8 号》关于'两符合''四重大'的相关规定"。

其次，募集资金运用也是上市公司增发的关注重点和审核重点。募投项目测算、募投项目实施计划、募投项目产能利用问题及应对措施、募投项目不确定性等问题广泛受到关注。此外，根据目前的监管力度，企业前次募集资金使用违规也是关注重点。例如，2023 年 7 月，深圳证券交易所（以下简称深交所）对某证券公司下发监管函，指出涉案企业存在募投项目实际投入募集资金金额超出原计划投入金额的情形，而在本次申报时，存在擅自改变前次募集资金用途的情形且未经股东大会认可。因此，对于企业来说，能否对募集资金运用进行合理的规划和说明，不仅是通过审核顺利进行再融资的基本前提，还将是后续资本运作过程中持续被关注的要点。

第三节　发债

一、主要债券类型

债券的类型多种多样，目前广泛使用的债券大体可分为企业债和公司债。企业债由国家发展和改革委员会（以下简称发改委）管理，在全国银行间债券市场、证券交易所交易，其发行主体是境内注册登记的具有法人资格的企业，一般为中央政府部门所属机构、国有独资企业或国有控股企业。企业债采用直接审核发行的制度。中央直接管理企业的申请材料直接申报;国务院行业管理部门所属企业的材料由行业管理部门转报;地方企业的申报材料由所在省、自治区、直辖市、计划单列市发展改革部门转报。企业债的发行规模不超过企业净资产(不包括少数股东权益)的40%,募集资金投向应符合国家产业政策和行业发展方向,所需相关手续齐全:(1)用于固定资产投资项目的,应符合固定资产投资项目资本金制度的要求,原则上累积发行额不超过该项目总投资额的60%;(2)用于收购产权(股权)的,比照该比例执行;(3)用于调整债务结构的,不受该比例限制,但企业应提供银行同意以债还贷的证明;(4)用于补充运营资金的,不超过发债总额的20%。企业债券的利率由发行人与其主承销商根据信用等级、风险程度、市场供求状况等因素协商确定。但不得高于相同期限定期存款利率的40%,发行期限一般3~20年,以10年为主,须在批准文件印发之日起两个月内完成发行。企业债的担保形式与公司债不同,企业债可发行无担保信用债券、资产抵押债券、第三方担保债券。为债券发行提供保证的保证人应当具有代为清偿的能力,保证应当是连带责任保证。企业债的主要法规依据包括《企业债券管理条例》(2011年修订)、国家发改委《关于推进企业债券市场发展、简化发行核准程序有关事项的通知》(发改财金〔2008〕7号)、《中央企业债券发行管理暂行办法》(国资发产权规〔2023〕34号)等。

公司债由证监会管理,在证券交易所交易,发行主体是沪、深两市上市公司及发行境外上市外资股的境内股份有限公司。公司债采用核准发行。证监会收到申请文件后,5日内决定是否受理,受理初审后,发行审核委员会审核申请文件,做出核准或不予核准的决定。公司债的发行规模不超过最近一期末净资产的40%;金融类公司的累积公司债券余额按金融企业有关规定计算,募集资金投向必须符合股东会或股东大会核准的用途,且符合国家产业政策。公司债发行价格由发行人与保荐人通过市场询价确定,发行期限一般3~10年,以5年为主,可申请一次核准,分期发行。自核准发行之日起,应在6个月内首期发行,剩余数量应在24个月内发行完毕。首期发行数量应当不少于总发行数量的50%,剩余期发行的数量由公司自行确定,每期发行完毕后5个工作日内报中国证监会备案。公司债无强制性担保要求。若提供担保的,担保的范围应是本金、利息、违约金、损害赔偿金和实现债券的费用;以保证方式提供担保的,应为连带责任保证,且保证人资产质量良好。公司债的主要法规依据是《公司债券发行试点办法》(证监会令第49号)。

二、公司债券

与股票增发等股权融资相对,上市公司另一种主要的融资渠道是债权融资,其中最为主要的便是发行公司债券。在我国,公司发债是一种非常重要的融资渠道,对于上市公司也不例外。根据 Wind 的数据,2022 年,各交易所公募公司债和私募公司债发行规模合计超过 3 万亿元,这个数字远高于各交易所全年股权再融资的规模。而由于发债相对于权益类融资具有周期短、不影响股权结构和控制权等优点,发行公司债券也是许多上市公司融资的一个重要手段。

(一)公司债的概念

那么,什么是公司债券?根据《证券法》的规定,公司债券也是证券的一种类型,这是公司债券与其他各类债券的重要区别之一。实际上,债券的类型要比股票繁多,在我国,三大监管机构证监会、中国人民银行(以下简称央行)和发改委都有权监管不同类型的债券。并且,债券市场的结构也相对复杂,包括银行间债券市场、交易所债券市场、柜台债券市场等。通过把握上市公司的公司债券是一种证券这一基本属性,就可以帮助上市公司锄定这一类融资手段应该在哪里进行,又应该向谁负责——公司债券是由证监会负责监管的,在交易所发行、流通的一种证券。

(二)公司债发债的常见方式

公司发债的常见方式包括大公募、小公募以及私募,这三类也被归类为普通公司债券或一般公司债券。除此之外,还存在一批特定品种公司债。

首先,对于普通公司债券来说,所谓大公募即面向公众投资者和合格投资者发行的公司债券,而小公募顾名思义,只能面向合格投资者发行。与上述大、小公募不同,私募公司债的每次发行对象不得超过 200 人,且发行对象也只能是合规投资者。基于发行对象的不同,大公募、小公募和私募公司债券在发行条件、交易转让安排等方面也存在差异。

具体而言,大公募直接报送证监会注册,小公募先由交易所预审后、再报送证监会注册,而私募公司债只需要交易所审核、中国证券业协会(以下简称中证协)事后备案。大小公募均有发行条件限制,需要具备:(1)具备健全且运行良好的组织机构;(2)最近 3 年平均可分配利润足以支付公司债券 1 年的利息;(3)具有合理的资产负债结构和正常的现金流量等条件。此外,大公募要求更严,另外还要求:(1)发行人最近 3 年无债务违约或者延迟支付本息的事实;(2)发行人最近 3 年平均可分配利润不少于债券 1 年利息的 1.5 倍;(3)发行人最近一期末净资产规模不少于250亿元;(4)发行人最近36个月内累计公开发行债券不少于3期,发行规模不少于100亿元等。监管对于这3类公司债的负面清单规定也不同,对于大小公募而言主要包括:(1)对已公开发行的公司债券或者其他债务有违约或者延迟支付本息的事实,仍处于继续状态;(2)违反《证券法》规定,改变公开发行公司债券所募资金用途。对于私募公司债而言则是《非公开发行公司债券项目承接负面清单指引》(2022年修订)中所规定的财务会计文件存在虚假记载、存在违规对外担保、其他债务有违约或迟延支付本息、违反证券行业监督管理规定等情形。

其次,为进一步发挥公司债券服务实体经济和服务国家战略功能,沪深两所又开创了特定品种公司债券。根据上交所的定义,特定品种公司债是对发行人、债券增信措施、债券期限、债券利率、募集资金用途、债券本息偿付等基本要素有特定安排,公开发行或者非公开发行的公司债券,包括短期公司债、项目收益专项公司债、可续期公司债、绿色公司债等丰富多样的类型。特定品种公司债券的类型由交易所文件确定,公司发行特定品种公司债在满足普通公司债券的基本条件之外,还需要符合交易所制定的相应的适用指引。主要类型比如短期公司债,即债券期限不超过1年的公司债券;项目收益专项公司债,即附续期选择权的公司债券(续期选择权,指发行人在约定时间有权选择延长本次债券期限);可交换公司债,即上市公司的股东发行的可以在一定期限内依据约定的条件交换成该股东所持有的上市公司股份的公司债券;可续期公司债,即附续期选择权的公司债券(续期选择权,指发行人在约定时间有权选择延长本次债券期限);绿色公司债,即募集资金专门用于支持符合规定条件的绿色产业、绿色项目或绿色经济活动的公司债券。

(三)发债的主要适用规则

公司发债的主要适用规则来自证监会、交易所以及中证协等。首先,《证券法》对公司债券的基本属性、基本条件、基本程序做出了规定。作为一种证券,公司发债受到《证券法》的约束,且发债公司应具备健全且运行良好的组织机构等一系列条件,并且申请公开发行公司债券还需向国务院授权的部门或者国务院证券监督管理机构报送申请文件。

其次,《公司债券发行与交易管理办法》(2023年修订)是公司债券发行与交易的基本规程。公司债券的发行、交易或转让行为的程序、信息披露、可能随之产生的责任等一系列规定,均在本办法中得到展开。并且,证监会还出台了与之配套的《公开发行证券的公司信息披露内容与格式准则第24号——公开发行公司债券申请文件》，对相关内容进一步作出阐释。

再次，交易所出台的《公司债券发行上市审核规则》以及配套的适用指引是公司发债过程中应遵循的具体指南。公司发债的具体程序、审核要点均需参考这些文件。

最后，中证协也出台了《非公开发行公司债券报备管理办法》等行业规定，对非公开发行公司债券的相关报备管理工作需参考这些规定进行。

三、可转债与可交债

可转债与可交债也是公司融资时可供选择的重要债券种类。可转债即可转换公司债券，是一种可以转换成股权的债券，其同时具备债权和股权的双重属性。可交债即可交换公司债券，是指上市公司股份的持有者通过抵押其持有的股票给托管机构进而发行的公司债券，该债券的持有人在将来的某个时期内，能按照债券发行时约定的条件用持有的债券换取发债人抵押的上市公司股权。

虽然名称相近，但可转债与可交债存在较大区别：

从发行条件来看，可交债要求：(1)3 个会计年度加权平均净资产收益率平均不低于 6%。(2)3 个会计年度实现的年均可分配利润不少于公司债券 1 年的利息。可转债要求：(1)公司最近一期末的净资产额不少于人民币 3 亿元。(2)公司最近 3 个会计年度实现的年均可分配利润不少于公司债券 1 年的利息。(3)本次发行债券的金额不超过预备用于交换的股票按募集说明书公告日前 20 个交易日均价计算的市值的 70%，且应当将预备用于交换的股票设定为本次发行的公司债券的担保物。

从交割方式来看，可转债债券通常是股票交割，即大部分投资者会选择行使换股权。而可交换债券有 3 种不同的交割方式，包括股票交割、现金交割、混合交割。

从发债主体和偿债主体来看，可转债由上市公司发行和偿债，而可交债由上市公司股东发行和偿债。因此，可交换债券换股不会导致目标公司总股本变化，也无摊薄收益的影响，而可转换债券转股会使发行人的总股本增加，摊薄每股收益。

从担保方式来看，股东发行可交换债券要质押其持有的用于交换的上市的股票，当然也可另行提供担保；而发行可转债，要由第三方提供担保，但最近一期末经审计的净资产不低于人民币 15 亿元的公司除外。

从转股来看，可交换公司债券自发行结束之日起 12 个月后方可交换为预备交换的股票,交换为每股股份的价格应当不低于募集说明书公告日前30个交易日上市公司股票交易价格平均值的90%;可转换债券转股价格应不低于募集说明书公告日前20个交易日该公司股票交易均价和前一交易日的均价,并且可转换债券可以在满足一定条件时,向下修正转股价。

从上述特点来看,可转债更多地体现为一种融资工具,用于投资特定项目,而可交债通常是为了股权结构调整、投资退出、市值管理、资产流动性管理等目的而发行。虽然二者名称相似,但功能差异很大,上市公司及股东在选择时应予以注意。

四、上市公司发债的基本程序

公司发行债券的发行流程大致可分为申报准备阶段、审核阶段及发行上市阶段。

(一)申报准备阶段

在公司决定发行债券之前,要进行详细的筹备工作,这些主要体现如下:

1. 上市公司形成初步融资方案,与主承销商进行接洽后确定债券资金的投资方向,并评估项目可行性。

2. 主承销商出具整体项目方案,上市公司修改并确定最终方案。

3. 上市公司选定并聘请有资质的律师事务所、会计师事务所及评级机构作为本次债券发行的服务机构。由律师事务所对上市公司发行条件进行资格审查,会计师对上市公司对报告期内的财务报表进行审计(大公募和小公募为最近三年,私募债为最近三年),评级机构对本次发行的公司债券进行信用评级。

4. 各中介机构进行尽职调查并共同出具本次债券发行的申报材料。

5. 上市公司召开董事会,形成有效决议(如本次债券融资金额达到公司章程中股东大会的审议标准,则需经上市公司股东大会审议通过),并在指定信息披露媒体上发布相关的决议和公告文件。

6. 主承销商向证监会或证券交易所报送申报材料。其中,大公募直接报送证监会注册,小公募报送交易所预先审核,私募报送交易所直接审核。

(二)审核阶段

在申请准备工作完成后,发行者需要向相关监管机构递交申请文件,以经过审查和批准,主要体现如下:

1. 证监会或交易所根据申报材料出具反馈意见。

2. 主承销商根据反馈意见提交回复。

3. 交易所认为本次发行符合发行条件的，将审核意见及申报材料提交至证监会履行注册程序；如本次发行债券未能通过审核的，终止审核并告知发行人理由。需要说明的是，以上情况仅针对小公募而言，大公募由证监会直接审核并注册，私募债由交易所审核后交中证协备案。

（三）发行上市阶段

在通过审查和批准后，发行者将开始准备证券的发行和销售：

1. 主承销商在指定信息披露媒体上刊登募集说明书及其摘要；

2. 发行人及主承销商进行路演，确定最终发行的票面利率；

3. 债券发行成功；

4. 上市公司在指定信息披露媒体上刊登上市公告书，本次发行的债券上市交易。

五、常见债券的审核及关注要求

2022 年 4 月 29 日，上交所和深交所分别颁布了《上海证券交易所公司债券发行上市审核规则适用指引第 3 号——审核重点关注事项（2023 年修订）》（上证发〔2023〕169 号）（以下简称《3 号指引》）和《深圳证券交易所公司债券发行上市审核业务指引第 1 号——公司债券审核重点关注事项（2023 年修订）》（深证上〔2023〕984 号）（以下简称《1 号指引》），对公司债审核中的重点关注问题予以了规范和明确。

（一）发行主体的财务状况和可持续经营能力

《3 号指引》和《1 号指引》中明确规定，对于财务状况欠佳、债权结构畸形、可持续经营能力存疑的公司，应当审慎确定公司债券申报规模或申报方案，具体包括：

1. 发行人最近一期末对外担保余额超过当期末净资产的；

2. 发行人报告期内有息债务结构发生大幅变化，比如存在银行借款余额被动大幅减少、银行授信大幅下降等情形的；

3. 发行人报告期内短期债务占比显著上升或者最近一期末有息债务构成以短期债务为主的；

4. 发行人或者其所属企业集团合并报表范围内公司债券余额较大且存在显著债务集中兑付压力的；

5. 发行人非公开发行公司债券余额占最近一期末净资产的比例达到 40%，再次申请非公开发行公司债券的；

6. 报告期内有息债务余额年均增长率超过 30%、最近一年末资产负债率超过行业平均水平且速动比率小于 1;最近 1 年末资产负债率、有息债务与净资产比例均超出行业平均水平的 30%;

7. 发行人最近一期末存在资产因抵押、质押、被查封、扣押、冻结、必须具备一定条件才能变现、无法变现、无法用于抵偿债务等情况,导致权利受限制的资产账面价值超过总资产 50%的;

8. 发行人母公司单体资产质量较低、盈利能力较弱、有息债务负担较重的;

9. 最近一期末发行人短期债券余额占全部债券余额比例显著高于同行业可比企业,且报告期内短期债券余额呈大幅增长趋势的。

由此可见,交易所出台的新规在一定程度上缩紧了公司债的发行,比如上市公司存在债务激进扩张、重要资产受限、现金流不稳定、盈利能力偏弱或者财务指标明显异常等情形的,在申报规模和申报方案上均将受到较大的限制。

(二)公司治理与组织结构

《3 号指引》和《1 号指引》中明确规定,对于公司治理与组织结构存在缺陷和隐患的公司,应当审慎确定公司债券申报规模或加强信息披露,具体包括:

1. 控股股东、实际控制人存在债务违约等负面情形,对发行人公司治理、经营情况或者偿债能力造成严重不利影响的;

2. 报告期内发行人控股股东、实际控制人、董事、监事、高级管理人员涉嫌违法违规被有权机关调查、被采取强制措施或存在严重失信行为的;

3. 报告期内发行人、发行人控股股东或实际控制人存在重大负面舆情的;

4. 发行人控股股东或实际控制人可支配的发行人股权存在高比例质押、冻结或发生诉讼仲裁等事项,可能造成发行人股权结构不稳定的;

5. 报告期内发行人董事、高级管理人员变动频繁或变动人数比例较大的;

6. 发行人资金因所属集团设置财务公司等原因受到集中归集、统一管理的。

(三)特定行业限制

《3 号指引》和《1 号指引》中对于房地产行业和城市建设企业发行债券做出了特定的限制。对于城投行业,一般要求应符合地方政府性债务管理的相关规定,不得新增地方政府债务,且对于总资产规模小于 100 亿元或主体信用评级低于 AA(含)的城投企业还额外要求应结合自身所属层级、业务规模、盈利情况、资产负债结构、现金流量情况等评估自身经营和偿债能力,审慎确定公司债券申报方案,并采取调整本次公司债券申报规模、调整募集资金用途用于偿还存量公司债券等措施强化发行人偿债保障能力;对于房地产行业,要求发行人存在扣除预收款后资产负债率较高、净负债率较高或现金对短期债务覆盖程度较低情形的,应结合报告期内经营情况、财务状况细化本次债券的偿付安排,制定切实可行的偿债保障措施。

六、其他合规要点

众所周知,近年来债券“爆雷”事件层出不穷,而公司无法正常偿付债券对于债券投资者来说无疑是重大的损失。因此,除了在公司债券发行审核阶段需要关注上述要点,从结合宏观经济环境和债券市场监管基调来看,公司发债还需高度注意信息披露和债权人保护方面的合规性。

一方面,公司发债必须量力而行,且必须遵循公开、公平、公正的基本原则,从而对债券投资者也即债权人尽到应尽的责任和义务,避免债务违约。根据《证券法》的规定,对已公开发行的公司债券或者其他债务有违约或者延迟支付本息的事实,且仍处于继续状态的,或违法改变公开发行公司债券所募资金的用途的,都将不得再次公开发行公司债券。

因此,发行人应严格遵照《证券法》等法律的规定,并严格执行《公司债券发行与交易管理办法》(证监会令第 222 号)规定的债券受托管理制度:公开发行公司债券的,发行人应当为债券持有人聘请债券受托管理人,并订立债券受托管理协议;非公开发行公司债券的,发行人应当在募集说明书中约定债券受托管理事项。同时,公司债券的发行人还应当努力采取内外部增信机制、偿债保障措施,提高偿债能力,控制公司债券风险。

另一方面,公司债券的发行人也应将信息披露作为合规重点加以重视。发行人及其他信息披露义务人应当按照中国证监会及证券自律组织的相关规定履行信息披露义务。并且,《证券法》和《公司债券发行与交易管理办法》(证监会令第 222 号)对此规定了重大事件报告制度,规定在发生可能对上市交易公司债券的交易价格产生较大影响的重大事件,投资者尚未得知时,公司应当立即将有关该重大事件的情况向国务院证券监督管理机构和证券交易场所报送临时报告,并予公告,说明事件的起因、目前的状态和可能产生的法律后果。这里所说的重大事件包括:

1. 公司股权结构或者生产经营状况发生重大变化;
2. 公司债券信用评级发生变化;
3. 公司重大资产抵押、质押、出售、转让、报废;
4. 公司发生未能清偿到期债务的情况;

5. 公司新增借款或者对外提供担保超过上年末净资产的 20%；

6. 公司放弃债权或者财产超过上年末净资产的 10%；

7. 公司发生超过上年末净资产 10%的重大损失；

8. 公司分配股利，作出减资、合并、分立、解散及申请破产的决定，或者依法进入破产程序、被责令关闭；

9. 涉及公司的重大诉讼、仲裁；

10. 公司涉嫌犯罪被依法立案调查，公司的控股股东、实际控制人、董事、监事、高级管理人员涉嫌犯罪被依法采取强制措施；

11. 中国证监会规定的其他事项。

此外，债券还存在信用评级制度。资信评级机构为公开发行公司债券进行的信用评级是投资者的重要参考，因此，公司不得进行财务造假或不实披露，从而导致信用评级出现严重失实。

附录：普通公司债券申报发行参考指引

1. 关于申报材料制作要求，可参考：

(1) 证监会《公开发行证券的公司信息披露内容与格式准则第 24 号——公开发行公司债券申请文件》

(2)《上海证券交易所公司债券发行上市审核规则适用指引第 1 号——申请文件及编制》

(3)《深圳证券交易所公司债券发行上市审核业务指引第 2 号——申请文件及其编制要求》

2. 关于申请文件制作模板，可参考：

(1)《上海证券交易所公司债券发行上市审核业务指南第 1 号——公开发行公司债券募集说明书编制（参考文本）》

(2)《上海证券交易所公司债券发行上市审核业务指南第 2 号——投资者权益保护（参考文本）》

(3)《上海证券交易所公司债券存续期业务指南第 1 号——公司债券持有人会议规则（参考文本）》

(4)《深圳证券交易所公司债券发行上市审核业务指南第 1 号——募集说明书（参考文本）》

(5)《深圳证券交易所公司债券发行上市审核业务指南第 2 号——投资者权益保护（参考文本）》

3. 关于申请文件用印要求，可参考：

《上海证券交易所债券发行上市审核业务指南第4号——公司债券和资产支持证券申请文件的签章》

4. 关于交易所审核要求、审核关注重点，可参考：

(1)《上海证券交易所公司债券发行上市审核规则适用指引第3号——审核重点关注事项》

(2)《深圳证券交易所公司债券发行上市审核业务指引第1号——审核重点关注事项》

5. 关于交易所审核过程，可参考：

(1)《上海证券交易所公司债券发行上市审核规则适用指引第5号——审核程序》

(2)《上海证券交易所公司债券发行上市审核规则》

(3)《深圳证券交易所公司债券发行上市审核业务指引第4号——公开发行公司债券审核程序》

(4)《深圳证券交易所公司债券发行上市审核业务指引第5号——非公开发行公司债券挂牌条件确认程序》

(5)深交所《公司债券发行上市审核规则》

上市公司并购及重大资产重组

第一节　重组的作用

对于上市公司来说,并购重组是调整业务板块、实现战略目标的重要手段。总体而言,并购重组能够帮助上市公司实现如下目标:

1. 扩大规模与市场份额。通过并购重组,上市公司可以快速扩大业务规模和市场份额,从而在竞争激烈的市场中更有竞争力。这有助于增加公司的盈利能力和稳定性。

2. 实现战略目标。并购重组能够帮助公司实现战略目标,比如进入新的市场、拓展业务范围、提高技术水平或获取新的产品线等。这可以帮助公司更好地适应市场变化和未来的机遇与挑战。

3. 节约成本与资源优化。通过并购重组,公司可以实现业务整合和资源优化,从而减少重复投资,降低成本,提高效率。例如,通过整合生产线或研发部门,可以降低生产成本和研发费用。

4. 增强市场地位和品牌价值。并购重组有可能使公司成为行业的领导者,增强公司的市场地位和品牌价值。这可以吸引更多的客户和投资者,为公司带来更多的业务机会和资金支持。

5. 实现业务多元化。通过收购具有不同业务领域或产品线的公司,上市公司可以实现业务多元化。这样,公司在面对某个行业衰退或风险时,可以依靠其他业务领域的收入来平衡风险。

6. 提升股权价值。如果并购重组能够顺利实施并产生预期的经济效益,这将为公司带来增长,增加收益和利润,从而提升股权价值。这有助于增加股东的财富和投资回报率。

第二节　常见方式

一、现金收购

现金收购的重组无须证监会或证券交易所的核准注册,程序方便快捷,现有股东，特别是控股股东的股份不会被稀释，且现金收购与未来业绩预测的关联度相对较小，能够有效降低高估值。

然而，上市公司重组交易规模较大，现金收购可能使上市公司承受较大的资金压力。而且，对于交易对方，其无须承担业绩承诺，无法形成有效的经营激励机制，不利于标的企业收购后的过渡、整合与持续经营。

二、重大资产出售

上市公司将重要资产出售给交易对方，交易对方以债权、承债、现金等方式为交易对价，主要应用在上市公司对自身资产、业务的优化和重组。剥离盈利能力低、缺乏竞争力的业务，对于重资产、多业务运营的老牌上市公司较为适用。

三、重大资产置换

上市公司将一些需要转型的资产剥离出去，并置换取得相关资产或义务。资产置换可以有效处理集团公司中的关联交易或者同业竞争，但资产出售和收购同时进行，交易结构较为复杂。

四、发行股份购买资产

上市公司通过发行股份购买资产，可以配套融资和部分现金支付对价。发行股份购买资产是常见的重大资产重组形式，延伸出借壳上市等模式。因为发行股份搭配现金支付，且可以配套融资作为支付对价，可以结合公司和标的公司资产规模、资金流需求、业绩承诺等多项因素设计交易方案，灵活度高。但发行股份购买资产需要交易所、证监会核准注册，交易程序较为复杂。

五、借壳

借壳上市，也被称为“壳资源重组”或“壳公司并购”，是指一家未曾在证券交易所上市的公司（通常称为“目标公司”）通过收购一家已经在证券交易所上市的公司（通常称为“壳公司”或“上市公司”），从而使目标公司借助壳公司的上市地位而成功上市。不过，值得注意的是，由于监管环境的变化，借壳上市这一模式在近年已经遇冷。

第三节　适用规则

上市公司并购重组的适用的主要规则包括中国证监会发布的《上市公司重大资产重组管理办法(2023年修订)》、《上市公司监管指引第9号——上市公司筹划和实施重大资产重组的监管要求》(证监会公告〔2023〕40号)、《监管规则适用指引——上市类第1号》、《公开发行证券的公司信息披露内容与格式准则第26号——上市公司重大资产重组(2023年修订)》、《上市公司收购管理办法(2021年修订)》、《上市公司重大资产重组管理办法(2023年修订)》、《有关限制股份转让的适用意见——证券期货法律适用意见第4号》、《〈上市公司重大资产重组管理办法〉第十四条、第四十四条的适用意见——证券期货法律适用意见第12号(2022年修订)》,以及上交所发布的《上市公司自律监管指引第6号——重大资产重组(2023年修订)》、《上海证券交易所上市公司重大资产重组审核规则》(上证发〔2023〕30号)、深交所发布的《上市公司自律监管指引第8号——重大资产重组(2023年修订)》、《深圳证券交易所上市公司重大资产重组审核规则》(深证上〔2023〕96号)。

第四节　基本程序

一、初步磋商阶段

在并购重组初步磋商时,上市公司应当重点关注并即刻采取必要且充分的保密措施,严格执行保密制度,限定相关敏感信息的知悉范围。上市公司及交易对方聘请证券服务中介机构的,应当立即与所聘请的机构签署保密协议。

此外,如果上市公司关于重大资产重组的董事会决议在公告前,相关信息已在媒体上传播或者公司股票交易出现异常波动的,上市公司还应当立即将有关计划、方案或者相关事项的现状以及相关进展情况和风险因素等予以公告,并按照有关信息披露规则办理其他相关事宜。

二、内部审议阶段

在磋商之后,上市公司内部应按照法律法规进行内部审议。通常并购重组需要召开至少两次董事会,第一次董事会一方面审议通过意向性或框架性协议,另一方面在审计、评估完成前,公告重组预案或草案。第二次董事会则需审议相关审计、评估等报告,同时审议具体并购重组方案并公告。董事会召开后,是股东大会审议的环节,应关注以下三个要点:

一是及时性。发行股份购买资产的首次董事会决议公告后,董事会如果在6个月内未发布召开股东大会通知,上市公司应当披露关于6个月内未发布召开股东大会通知的专项说明。专项说明应当解释原因,并明确是否继续推进或终止。如果继续推进的,应当重新召开董事会审议重组事项。

二是完整性。决议公告应披露如下一系列内容:(1)本次重大资产重组的方式、交易标的和交易对方;(2)交易价格或者价格区间;(3)定价方式或者定价依据;(4)相关资产自定价基准日至交割日期间损益的归属;(5)相关资产办理权属转移的合同义务和违约责任;(6)决议的有效期;(7)对董事会办理本次重大资产重组事宜的具体授权;(8)其他需要明确的事项。

三是表决的合规性。对于这一事项的表决必须符合以下条件:(1)必须经出席会议的股东所持表决权的2/3以上通过;(2)关联股东应当回避表决;(3)交易对方已经与上市公司控股股东就受让上市公司股权或者向上市公司推荐董事达成协议或者默契,可能导致上市公司的实际控制权发生变化的,上市公司控股股东及其关联人应当回避表决;(4)中小股东的投票情况应当单独统计并予以披露。

三、申报及审核阶段

上市公司并购重组需要进行申报审核,具体程序如下:

在申报环节,上市公司应委托独立财务顾问在股东大会作出决议后3个工作日内向中国证监会提出申请。

在交易所反馈意见环节,交易所在审核期间提出反馈意见要求上市公司作出书面解释、说明的,上市公司应当按时提供书面回复意见,独立财务顾问应当配合上市公司提供书面回复意见。逾期未提供的,上市公司应当在到期日的次日就本次交易的进展情况及未能及时提供回复意见的具体原因等予以公告。此外,科创板、创业板还设置小额快速程序,如果满足条件则不再问询,直接出具审核报告,提交重组委即可。

进入证监会反馈意见环节,证监会在审核期间提出反馈意见要求上市公司作出书面解释、说明的,上市公司应当按时提供书面回复意见,独立财务顾问应当配合上市公司提供书面回复意见。逾期未提供的,上市公司应当在到期日的次日就本次交易的进展情况及未能及时提供回复意见的具体原因等予以公告。

此外,如果方案发生调整,需要进行重新审议或申请。股东大会作出重大资产重组的决议后,上市公司拟对交易对象、交易标的、交易价格等作出变更,构成对原交易方案重大调整的,应当在董事会表决通过后重新提交股东大会审议,并及时公告相关文件;中国证监会审核期间,上市公司按照前款规定对原交易方案作出重大调整的,还应当按照本办法的规定向中国证监会重新提出申请,同时公告相关文件。

在审议过程中,上市公司需停牌。上市公司在收到中国证监会关于召开重组委工作会议审核其申请的通知后,应当立即予以公告,并申请办理重组委工作会议期间直至其表决结果披露前的停牌事宜。上市公司收到重组委关于其申请的表决结果的通知后,应当在次一工作日公告表决结果并申请复牌。公告应当说明,公司在收到中国证监会作出的予以核准或者不予核准的决定后将再行公告。科创板、创业板公司需提交交易所重组委审议的,应当在收到拟召开重组委工作会议的通知时,披露重组委审议提示性公告。重组委工作会议召开当日原则上无须申请停牌。

上市公司收到中国证监会就其申请作出的予以核准或者不予核准的决定后,应当在次一工作日予以公告;科创板、创业板上市公司涉及发行股份购买资产或者重组上市的,交易所重组委通过后,经中国证监会同意注册;科创板、创业板公司不涉及股份发行的重组上市申请,由交易所审核通过。

还值得注意的是,如果属于国有企业或依法须报批国资监管部门审批的,最迟应在交易所或证监会审核完成前取得同意实施批复,及时披露审批进展及结果;如果涉及反垄断审查,最迟应在交易所或证监会审核完成前取得同意实施批复,及时披露审批进展及结果。

四、实施阶段

重组方案的实施同样需要履行法定程序。完成相关批准程序后,公司应当及时实施重组方案,并于实施完毕之日起 3 个工作日内编制实施情况报告书,向证券交易所提交书面报告,并予以公告。此外,自批准之日起 60 日内,重大资产重组未实施完毕的,上市公司应当于期满后次一工作日将实施进展情况报告,并予以公告,此后每 30 日应当公告一次,直至实施完毕。属于重组上市、发行股份购买资产并募集部分配套资金的,自收到中国证监会核准文件之日起超过 12 个月未实施完毕的,核准文件失效。

第五节　关注及合规要点

本书论述的上市公司并购重组限定于重大资产重组,即上市公司及其控股或者控制的公司在日常经营活动之外购买、出售资产或者通过其他方式进行资产交易达到《上市公司重大资产重组管理办法(2023 年修订)》规定的比例,或上市公司发行股份购买资产,导致上市公司的主营业务、资产、收入发生重大变化的资产交易行为。

一、信息披露要点

(一)首次披露的时点选择

上市公司应当在重大资产重组最先触及下列任一时点后及时履行披露:

1. 董事会、监事会作出决议时;

2. 签署意向书或者协议(无论是否附加条件或者期限)时;

3. 公司(含任一董事、监事或者高级管理人员)知悉或者理应知悉重大资产重组发生时;

4. 筹划阶段重大资产重组难以保密、发生泄露、引起公司股票及其衍生品种交易异常波动时。

但是,上述标准仍给予公司依据实际判断选择的空间,特别是初始策划到方案主要内容具备且相对确定的筹划阶段。如果无上述情形发生,公司即可根据重组进度预期、重组对公司经营发展的影响预期等因素,选择首次披露时间点。

(二)首次披露的主要文件

上市公司首次披露重组方案,既可以披露重组预案,也可以直接披露重组报告书。公司披露重大资产重组方案,应当按照《公开发行证券的公司信息披露内容与格式准则第 26 号——上市公司重大资产重组(2023 年修订)》等规定的内容和格式要求编制重组信息披露文件。

上市公司筹划不涉及发行股份或不需要中国证监会核准、注册的重大资产重组的,可以按照分阶段披露原则,在披露重组方案前披露筹划重大资产重组提示性公告。

(三)停牌

上市公司应当维护证券交易连续性,审慎申请停牌,不得随意以存在重大资产重组事项为由申请停牌或者故意虚构重大资产重组信息损害投资者合法权益。

主板上市公司重大资产重组应当于中国证监会重组委工作会议召开的前一交易日提交公司股票在重组委工作会议召开当日停牌的申请及相关停牌公告。公司收到中国证监会重组委审核结果后,应当在次一交易日公告并复牌。

科创板、创业板上市公司重大资产重组需提交交易所重组委审议的,应当在收到拟召开重组委工作会议的通知时,披露重组委审议提示性公告。重组委工作会议召开当日原则上无须申请停牌。公司在收到重组委审议结果后,应当在次一交易日公告相关情况。

(四)异常情况说明

发生构成重组上市、涉嫌规避重组上市监管要求、受到重大媒体质疑或者投诉举报等情形时,公司应当召开媒体说明会;公司披露重组事项后出现重大市场质疑的,公司在披露澄清公告的同时可以主动召开投资者说明会。

(五)重组后信息披露

在重大资产重组实施完毕后、承诺事项未完全履行完毕前,上市公司应当在披露年度报告的同时,就有关各方重大资产重组承诺事项的履行情况予以单独披露;在承诺事项履行完毕时,公司应当及时披露承诺事项完成情况公告。

公司与交易对方签订业绩补偿协议,且相关资产的实际盈利数低于利润预测数的,公司董事会应当在审议年度报告的同时,对实际盈利数与利润预测数的差异情况进行单独审议,详细说明差异情况及上市公司已拟采取的措施,并督促交易对方履行承诺。交易对方应当及时、足额履行业绩补偿承诺,不得逃废、变更补偿义务。交易对方超期未履行或者违反业绩补偿协议、承诺的,公司应当及时披露,并说明相应解决措施。

二、信息保密注意事项

(一)保密期间

保密期间是指上市公司重组申请股票停止交易前或首次作出决议或首次披露前6个月至重组报告书或方案披露之前1日。

(二)内幕信息知情人范围

内幕信息知情人包括上市公司及其董事、监事、高级管理人员,交易对方及其董事、监事、高级管理人员(或主要负责人),相关专业机构及其他知悉本次重大资产交易内幕信息的法人和自然人,以及上述相关人员的直系亲属。

(三)内幕交易自查

上市公司董事会应当就保密期间内,内幕信息知情人买卖公司股票及其他相关证券情况进行自查,并制作自查报告,最迟应在重大重组交易的股东大会召开后两个交易日内公告。

(四)保密措施

上市保密期间的保密措施为:

1. 严格限制内幕信息知情人范围,从源头控制知情范围;

2. 完善知情人登记,报送内幕信息知情人档案,及时编制重组事项的交易进程备忘录;

3. 明确保密资料负责人员和管理人员,保证文件筹划、制作、审批、刊印、传阅、收回等流程保密管理有章可循,有据可查;

4. 加强保密培训、宣传、告知,明确的保密义务告知是在个别知情人违规情况下规避公司责任的重要依据。

三、相关案例

G 某内幕交易“ZWCM”案:在 ZWCM 筹划重大资产重组信息公开前,G 某与内幕信息知情人联系,并控制账户组集中买入“ZWCM”,G 某、内幕信息知情人构成违法。

XFZ 内幕交易“XHDS”案:在 XHDZ 拟与九次方重组的内幕信息公开前,XFZ 总裁李某与内幕信息知情人存在联络接触,XFZ 交易“XHDZ”的行为明显异常,与内幕信息高度吻合,李某对上述交易行为无合理解释,XFZ 总裁李某等内幕信息知情人构成违法。

余某内幕交易“TXHJ”案:在 TXHJ 筹划重大资产重组的内幕信息公开前,余某获悉内幕信息后通过微信告知王某、杨某、金某及罗某,余某与杨某交易了“TXHJ”,余某与杨某构成违法。

《证券法》修改后,内幕交易的罚款数额由违法所得 1~5 倍被提升至 1~10 倍,处罚力度显著加重。同时,内幕交易罪的入罪标准较低,例如:买入或者卖出证券,或者泄露内幕信息使他人买入或者卖出证券,成交额累计在 50 万元以上的;买入或者卖出期货合约,或者泄露内幕消息使他人买入或者卖出期货合约,占用保证金数额累计在 30 万元以上的;获利或者避免损失数额累计在 15 万元以上的;多次进行内幕交易、泄露内幕信息的。构成上述入罪情形之一的,处 5 年以下有期徒刑或者拘役,并处或者单处违法所得 1 倍以上 5 倍以下罚金;情节特别严重的,处 5 年以上 10 年以下有期徒刑。可见,在当前信息经济发展时代,内幕交易触发风险高,法律责任重,如果无风险意识,一次不经意的微信信息点击,一次无法有效解释的“偶然”交易,均可能招致严重的法律后果。

上市公司股权激励

第一节　股权激励的作用

上市公司股权激励本质上就是让员工、公司、股东利益达成一致。

一方面,股权激励可以有效管理激发员工积极性,将员工的个人利益与公司的长期业绩和价值增长联系在一起。通过持有公司股票,员工将对公司的表现产生更直接的影响,会更加积极地努力工作,以实现公司的长期目标。并且,股权激励使员工更紧密地与公司联系在一起,因为他们是公司的股东之一。这种股东身份会增强员工对公司的忠诚度和归属感,降低员工离职率,从而稳定人才队伍,甚至还是吸引优秀人才的一种手段。

另一方面,股权激励还可以提升企业绩效,增加公司价值,促使员工从短期利益转向长期价值增长。这使员工更加关注公司的长远发展,而不是仅仅专注于眼前的短期利益。员工长期持有股票还有助于稳定公司的股东结构,减少过度交易的可能性,从而提高公司的价值。

第二节　股权激励的类型

股权激励是一个概括性的概念,在上市公司经营实践中,有若干不同的激励模式可供选择,例如股票期权激励模式、虚拟股票激励模式和股票增值权激励模式等。

最为常见的是股票期权激动模式,股票期权模式是指公司给予激励对象购买本公司股票的选择权,相应员工可以在规定时间内以事先确定的价格(“行权价”)购买公司一定数量的股票(“行权”),股票期权本身不可转让。

股票期权激励模式的优点很多,对于公司来说:一方面降低了委托代理成本,即将员工利益与公司长期利益捆绑在一起,可以促使员工努力推动公司发展;另一方面也可以减少现金支出,是成本较低的一种激励方式。对于员工来说,可以选择行权或放弃,因此灵活性亦较高。当然,这一模式也存在缺点,最直接的问题是影响公司股本结构,可能造成股权上的纠纷。此外,看似长期的激励方式也可能造成短视。由于行权存在期限,股票套现也与市场密切相关,员工尤其是管理层仍可能为了短期套现利益而不重视公司真正的长期发展选择。因此,在这一模式的基础上,还发展出了业绩股票、延期支付、限制性转股等变化形式或特殊约定,以便尽可能促使员工为公司长远利益服务。

虚拟股票激励模式,"虚拟"的含义是当持有人实现既定目标条件下,公司才支付给持有人收益,但仅限于分红,持有人没有所有权和表决权,不能转让和出售,在其离开公司时自动失效。这一模式的优点很明显,相较于实际的股权激励,"虚拟股票"实质上是一种企业分红权,不影响公司股本,员工也不需要支付对价购买股权。当然,随之而来的问题是这种模式将给员工带来很强的分红意愿,可能对企业造成一定的现金支付压力。

股票增值权激励模式,这一模式和虚拟股票激励模式有相似之处,是指员工可以按一定比例取得一定期限内公司股价或业绩上升带来的收益,即行权价与行权日二级市场股价之间的差价或净资产的增值。这一模式同样不需要员工实际买入股票,操作难度大为降低,也不会影响公司股本。然而这一模式也存在虚拟股票激励模式类似的问题,尤其是当股价和员工收益挂钩,很可能造成短期逐利行为,影响公司长远发展。

第三节　基本程序

一、主要法规

上市公司股权激励涉及的法规较为繁杂、细致,但其主线是围绕《公司法》等商事主体的基本法规、《证券法》等证券法规,以及税法领域的专项规定展开。其中重要的法规包括《公司法》,《合伙企业法》,《证券法》,《股权激励管理办法》,《关于上市公司实施员工持股计划试点的指导意见》,《上市公司股份回购规则》,财政部、国家税务总局《关于个人股票期权所得征收个人所得税问题的通知》(财税〔2005〕35 号),财政部、国家税务总局《关于股票增值权所得和限制性股票所得征收个人所得税有关问题的通知》(财税〔2009〕5 号),财政部、国家税务总局《关于完善股权激励和技术入股有关所得税政策的通知》(财税〔2016〕10号)。

二、基本程序

上市公司进行股权激励,前期的审议工作不可或缺。通常包括如下步骤:首先由薪酬与考勤委员会拟定激励草案,并经董事会审议、公司进行内幕信息知情人自查等一系列程序,妥当后在公司内进行公示并发出股东大会通知。在股东大会召开前,监事会应对激励对象名单审核及公示情况进行说明并披露。

股东大会召开并审议通过相关事项,同时独立董事、独立财务顾问、监事会发表意见,律师事务所出具法律意见后,可授予并公告。其中,股票期权及一类限制性股票需要公司向交易所提交授予登记申请,并由证券结算机构登记结算。此外,在激励对象行权时,亦需董事会对行权条件是否成立进行审议。具体情况如图1所示。

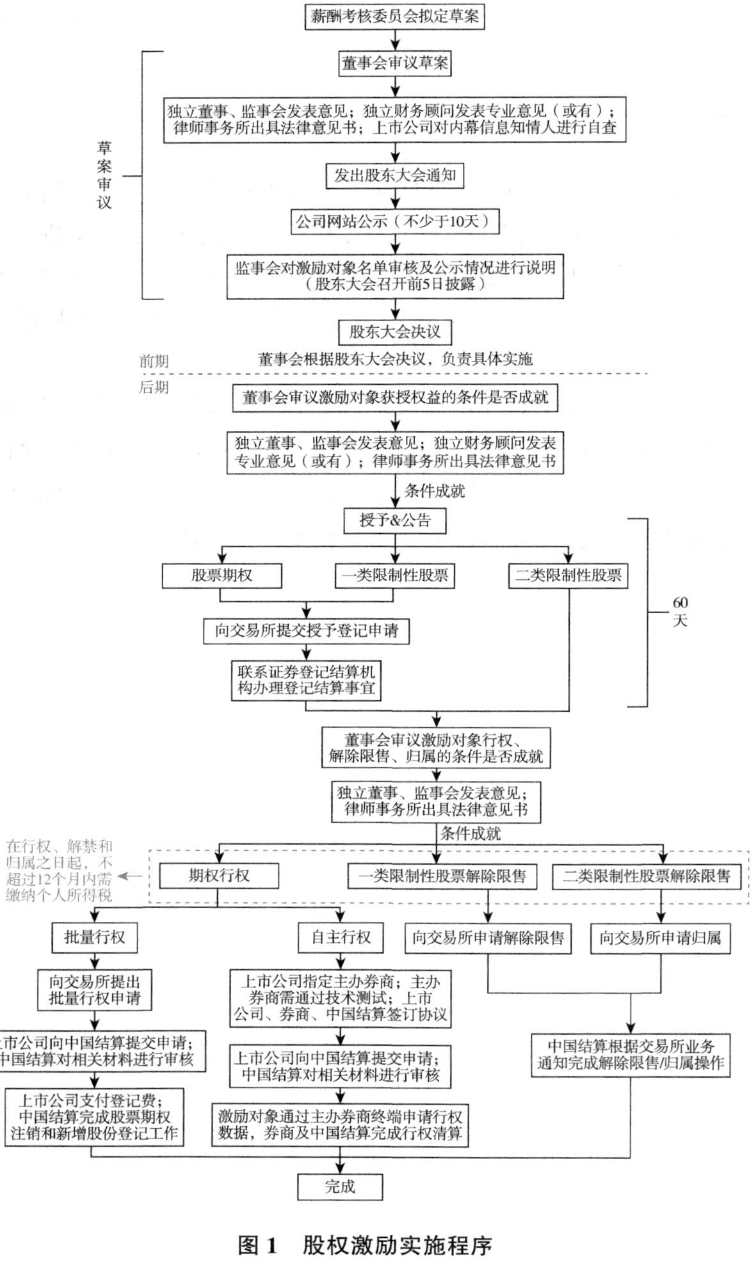

图 1　股权激励实施程序

资料来源:《ESOP(股权激励)丨股权激励实施流程》,载微信公众号“申万宏源证券”2021 年 9 月 27 日。

第二篇

上市公司资本运作的合规要点

上市公司作为公众公司,不仅要努力保持业绩增长,而且还须努力提升合规水平。具体到证券监管方面,无论是上市公司本身还是实际控制人,抑或董监高,往往容易在关联交易、同业竞争、内幕交易、信息披露等方面犯错、踩雷,导致受到监管部门的警示甚至处罚,轻则影响自身诚信记录或任职资格,重则影响公司后续的资本运作甚至是引发股东诉讼与索赔以及刑事责任。因此,上市公司及其实际控制人、董监高有必要深入了解证券监管机构对"风险高发"领域的规则及处罚尺度。

为了让大家能直观了解证券监管机构对"风险高发"领域的监管要求,本篇着重选取证券虚假陈述、内幕交易、市值管理、资金占用与违规担保、再融资、并购重组、债券发行与债权虚假陈述等几个专题来阐述目前监管机构对上述专题的监管要求及趋势。同时,每个专题之后都会附上相关案例,用以说明监管规则在实践中的运用。通过监管规则的总结及具体案例的分析,以期能让各位快速初步了解目前的监管要求及其在实践中的执行情况,尽量减少犯错、踩雷的概率,提升上市公司的规范水平和公众印象。

本篇所表达的观点或者意见仅仅是本书编者根据自身理解及经验而做出的总结,实践中往往情况更加多样、更加复杂。另外,上市公司"风险高发"的领域还有很多,无法一一详述。

第一章　证券虚假陈述

第一节　监管要求及趋势

在我国证券市场违法行为中，虚假陈述是最常见的违法形式，其具体是指在证券发行或者交易过程中，信息披露义务人违反法律规定，对重大事件作出违背事实真相的虚假记载、误导性陈述，或者在披露时发生遗漏、不正当披露的行为。[①]

在新《证券法》推行和注册制改革的大背景下，2021 年 7 月 6 日，中共中央办公厅、国务院办公厅印发了《关于依法从严打击证券违法活动的意见》。自此，资本市场进入信息披露违法"建制度、不干预、零容忍"时代，上市公司董监高在越来越多的证券虚假陈述案件中被列为共同被告，从而引发市场对上市公司虚假陈述中董监高责任的高度关注和广泛讨论。

责任认定的前提是明晰监管规则。因此，本章主要从行政、民事、刑事三个层面分析虚假陈述的监管要求，并总结其趋势。

一、行政监管层面

2019 年 12 月 28 日，十三届全国人大常委会第十五次会议表决通过了新修订的《证券法》，并于 2020 年 3 月 1 日起生效。新《证券法》大幅提高了对上市公司董监高虚假陈述的处

---

① 参见郭锋主编：《虚假陈述证券侵权赔偿》，法律出版社 2003 年版，第 169 页。

罚力度。原《证券法》规定的上市公司董监高从事虚假陈述行为的罚款标准上限为60万元，新《证券法》则将罚款标准上限提升至1000万元[①]。对于发行人的控股股东、实际控制人组织、指使发行人实施证券发行违法披露的，新《证券法》还将对该等控股股东、实际控制人罚款上限从原60万元大幅提升至2000万元[②]。此外，新《证券法》亦规定了责任改正、给予警告、证券市场进入等行政处罚。

除行政处罚外，《证券期货市场监督管理措施实施办法（试行）》及尚未正式施行的《证券期货市场监督管理措施实施办法（征求意见稿）》亦规定了中国证监会及其派出机构实施的行政监管措施，包括：（1）责令改正；（2）监管谈话；（3）出具警示函；（4）责令公开说明；（5）责令定期报告；（6）暂不受理与行政许可有关的文件；（7）限制作为特定对象认购证券；（8）责令暂停或者终止并购重组活动；（9）认定为不适当人选；（10）责令增加内部合规检查次数；（11）公开谴责；（12）责令处分有关人员；（13）责令更换董事、监事、高级管理人员或者限制其权利；（14）停止核准新业务；（15）限制证券期货基金经营机构业务活动；（16）限制股东权利或者责令转让股权等。

二、民事责任层面

根据新《证券法》规定，信息披露义务人实施信息披露违法行为，使投资者在证券交易中遭受损失的，信息披露义务人应承担赔偿责任，上市公司控股股东、实际控制人等应承担连带赔偿责任。该等连带赔偿责任适用过错推定原则。换言之，即董监高如果主张自身对虚假陈述给投资者带来的损失无过错，则应承担举证责任。同时，《证券法》允许投资者在提起虚假陈述等证券民事赔偿诉讼时，依法推选代表人进行诉讼，开创性规定了特别代表人诉讼。[③]

2021年7月6日，中共中央办公厅、国务院办公厅发布的《关于依法从严打击证券违法活动的意见》提出了健全民事赔偿制度若干意见，主要包括修改因虚假陈述引发民事赔偿有关司法解释、取消民事赔偿诉讼前置程序、开展证券行业仲裁制度试点。

2022年1月22日，最高人民法院《关于审理证券市场虚假陈述侵权民事赔偿案件的若干规定》（以下简称《审理虚假陈述侵权民事赔偿案件的若干规定》）

---

① 参见《证券法》第197条。

② 参见《证券法》第181条。

③ 参见《证券法》第95条。

正式施行,《最高人民法院关于受理证券市场因虚假陈述引发的民事侵权纠纷案件有关问题的通知》《最高人民法院关于审理证券市场虚假陈述侵权民事赔偿案件的若干规定》同时废止。该规定针对"无过错"的具体衡量标准进行了进一步细化和区分,明确了无过错的四大认定情形和例外情形,增加了董监高的免责情形,此外还单独列举了独立董事、外部监事、职工监事的免责及减责情形。

三、刑事监管层面

2019 年,最高人民法院、最高人民检察院联合发布《关于办理操纵证券、期货市场刑事案件适用法律若干问题的解释》,明确了操纵证券、期货市场罪的定罪量刑标准。

2020 年 12 月,《刑法修正案(十一)》发布。《刑法修正案(十一)》强化了对"欺诈发行股票、债券罪"、"违规披露、不披露重要信息罪"及"提供虚假证明文件罪、出具证明文件重大失实罪"等虚假陈述行为犯罪的刑事惩戒力度,扩大了刑事责任的入罪主体范围,提高了刑罚责任。

2021 年 7 月,中共中央办公厅、国务院办公厅《关于依法从严打击证券违法活动的意见》明确提出将欺诈发行、虚假陈述作为重大证券违法犯罪案件惩治和重点领域,并对打击证券违法的执法司法体制建设提出了若干要求。

总结前文三大层面的虚假陈述监管趋势,从全面性角度看,随着新《证券法》的实施、《关于依法从严打击证券违法活动的意见》的发布和相关配套法律法规、司法解释的出台,证券期货监督管理机构与公安、司法、市场监管等部门协同监管,已基本形成对证券虚假陈述行为的"合围"之势;从精细化角度看,监管更为注意责任认定的公平性,对于董监高在虚假陈述中的责任范围根据其职责范围、收益情况等方面作出更精细化、合理化的认定,实现"精准打击"。

第二节 防范措施及建议

随着《证券法》《上市公司信息披露管理办法》《审理虚假陈述侵权民事赔偿案件的若干规定》等法律法规、司法解释的修订和颁布,保护投资者权益、维护证券市场秩序成了资本市场新纪元的核心话题。

作为上市公司的董监高,在虚假陈述案中的责任至关重大。但是,责任的加强不意味着因噎废食,上市公司的董监高可积极采取措施,以应对履职过程中可能涉及的风险。

一、严格履行信披义务

上市公司的董监高应当严格按照法律法规及公司信息披露制度的规定及时对信息进行披露。部分董监高对于交易所上市规则及公司的信息披露制度缺乏了解，对于一些已经触及披露红线的事项缺乏敏感，比如关联方披露不准确、关联交易金额违规披露、股权变动披露不实等事项。《上市公司信息披露管理办法》第 54 条对于董监高"报送的报告、披露的信息有虚假记载、误导性陈述或者重大遗漏"的行政罚则做出了明确规定，《审理虚假陈述侵权民事赔偿案件的若干规定》也对"未按照规定披露信息、构成虚假陈述的"行为提供了承担民事责任的依据。据此，上市公司的董监高应当重视信息披露的重要性。

二、谨慎发表意见

对于超越自身能力范围的事项，董监高应当谨慎发表意见，同时谨慎签署各类报告文件。由康美医药案的判决结果可得知，法院的判决结果依据系考虑了各名董监高签署报告的数量，因此，董监高签署的决议及各类报告文件与自身风险息息相关。

对于部分不直接参与公司经营的董监高，在审议议案和签署报告文件时，对于涉及公司经营状况、财务数据等影响投资者判断的信息时，应当秉着存疑的态度要求上市公司及直接参与经营的人员做出解释，对于明显虚假或不合理的书面文件，应当坚决持反对意见，并拒绝在报告文件上签字。

同时，在此过程中，董监高应当向上市公司积极索取与审议事项相关的材料，并注意书面留痕，对于在履职过程中获取到的信息以及自身已恪守勤勉尽职义务的证据，比如工作笔录、会议记录、反对意见等，应当注意及时保存。

三、结合第三方专业意见

《审理虚假陈述侵权民事赔偿案件的若干规定》对于独立董事、外部监事及职工监事的免责事由做出了规定，其中一类情形为"在签署相关信息披露文件之前，对不属于自身专业领域的相关具体问题，借助会计、法律等专门职业的帮助仍然未能发现问题的"。证券服务机构作为第三方专业机构，具备足够的专业知识，且具有中立性，通常情况下可依据客观情况合理做出判断。对于不属于自身领域的专业问题，应咨询第三方专业机构，结合专业意见做出判断，合理规避自身风险。

四、事后及时补正

如果虚假陈述行为已发生,应当积极采取事后措施,减少或避免损害的发生。《审理虚假陈述侵权民事赔偿案件的若干规定》规定,独立董事、外部监事、职工监事在揭露日或更正日之前,发现虚假陈述后,及时向发行人提出异议并监督整改或向交易所及监管部门书面报告的,人民法院应当认定为没用过错。因此,在发现公司披露的信息涉及虚假陈述时,董监高应当及时履行自身职能,向发行人提出异议并监督整改,也可报告交易所及监管部门。

此外,如果因发行人拒绝、阻碍导致无法对相关信息披露文件是否存在虚假陈述作出判断时,董监高应及时向证券交易所、监管部门书面报告,尽量将自身的风险控制在最低范围。

第三节　处罚相关案例

随着注册制改革的推行和监管层对虚假陈述违法行为打击力度的加大,全国范围内证券虚假陈述引的处罚和诉讼案件数量激增。在行政处罚层面,根据中国证监会通报的案件办理情况,2021 年证监会办理虚假陈述案件 163 起,其中财务造假 75 起,同比增长 8%,向公安机关移送相关涉嫌犯罪案件 32 起,同比增长 50%。① 在本节中,我们选取两个符合最新立法旨意的典型案例,以期对上市公司的董监高规范履职行为起到提示作用。

一、Z 公司虚假陈述案——内外部董事责任的认定

(一)基本案情

2019 年 5 月 31 日,Z 公司发布关于收到证监会行政处罚决定书的公告。证监会认定 Z 公司在其 2014 年 6 月 11 日发布的关联交易报告书中所披露的置入资产评估值及 2013 年度营业收入存在严重虚增,构成证券市场虚假陈述。

案件进入司法程序后,上海金融法院作出一审判决:(1)Z 公司向原告彭某支付投资差额损失人民币 25.97 万元及相应佣金、利息损失;(2)标的 X 公司、交易对方 Y 公司对 Z 公司上述第一项付款义务承担连带责任;(3)Z 公司董事

① 参见中国证券监督管理委员会:《证监会通报 2021 年案件办理情况》,载中国证券监督管理委员会网站 2022 年 2 月 18 日,http://www.csrc.gov.cn/csrc/c/0028/c1921138/content.shtml。

长、账务总监、总经理三人(内部董事)对Z公司上述第一项付款义务在2%的范围内承担连带责任;(4)银信资产评估有限公司对Z公司上述第一项付款义务在25%的范围内承担连带责任。

一审判决后,Z公司不服向上海市高级人民法院提起上诉。上海市高级人民法院二审驳回上诉,维持原判。

(二)案件评析

关于法院针对6名董事作出的不同判决。法院认为,本案6名董事中,其中三名独立董事,未在Z公司任职,并不参与公司的经营活动,仅是对公司的经营决策提供建议和监督,其并非专业人士,要求其持续关注标的公司"××"项目的履行进程,并对与标的公司经营状况相关的资料进行审核,显然已超出独立董事的职责范围。故三位独立董事应予免责。

另外三名董事当时分别担任Z公司董事长、财务总监、总经理一职,其对于公司所负有的勤勉尽责义务标准理应高于独立董事,有义务对交易对方及标的公司提供的相关资料尽到谨慎审核义务。黄某、邱某、朱某对于需要经过招投标程序才能实际付诸履行的项目未予以持续关注,导致最终的股权价值严重虚增,该3名董事负有相应的责任。并且,虽该案所涉重组交易由中介服务机构提供专业咨询意见,但该三名董事过分依赖专业中介服务机构,没有实施诸如实地调查或要求中介服务机构进一步查证相关在手合同实际履行情况等主动核查行为。鉴于此,公司三名内部董事对于Z公司违反信息披露义务,构成虚假陈述具有一定的过错,应酌情对原告的损失在2%的范围内承担连带责任。

二、F公司虚假陈述案——董监高责任比例的精细量化

(一)基本案情

2020年12月11日,F公司公告收到中国证监会下发的〔2020〕105号《行政处罚决定书》。《行政处罚决定书》认定:(1)F公司2016年至2018年3个会计年度,通过虚增营业收入、虚减管理费用、财务费用虚增利润。2016年至2018年年度报告虚增利润总额分别为2.8亿元、3.5亿元、2.2亿元,占合并利润表当期披露利润总额的比例分别为344.78%、208.13%、63.01%。(2)F公司2017年至2018年年度报告中存在重大遗漏。2017年、2018年F公司未及时入账和披露4.25亿元和2.3亿元借款,未及时披露担保7500万元、潜在付款义务1.17亿元。(3)2018年年度报告中对F公司向非供应商转出款项8.7亿元的事项未依法披露。《行政处罚决定书》对F公司、年度报告的审计机构以及董监高均进

行了程度不同的行政处罚。

在立案调查及处罚前后,F 公司股价持续下跌,引发投资者集体诉讼。原告张某诉被告 F 公司、某证券公司、某会计师事务所及 17 名被处罚董监高自然人被告证券虚假陈述责任纠纷一案为示范案件。经充分审理,该案作出判决,除判令 F 公司实际控制人及其一致行动人承担全部连带赔偿责任外,判令 F 公司其他董监高承担 1%~60%不等的多达 6 个类别的比例连带赔偿责任。

(二)案件评析

该案的典型意义在于,原告将〔2020〕105 号《行政处罚决定书》中所有受到处罚的责任主体和人员均作为被告,除了内部董事和独立董事、公司高管和直接责任人,还包括比较少见的职工监事,是迄今为止涉及上市公司董监高最齐全的证券虚假陈述责任案件。

该案考量董监高在信息披露违法行为发生过程中所起的作用、知情程度、职务、具体职责及履职情况、专业背景,信息披露违法行为的违法情节、性质和社会危害程度等,判断过错性质和过错程度,并承担不同比例的连带赔偿责任,做到"过罚相当",既保护投资者的合法权益、惩戒故意和重大过失的公司董监高,又防止因承担过重的赔偿责任而挫伤公司高管特别是独立董事的履职积极性,是董监高责任精细量化的典型。

第二章　内幕交易

第一节　监管要求及趋势

内幕交易严重侵蚀资本市场公开、公平、公正的原则，严重侵害广大中小投资者的利益。内幕交易严重损害资本市场功能作用的发挥，历来是各国证券市场监管执法的打击重点。按照党中央、国务院关于严厉打击资本市场违法活动的决策部署，中国证监会始终将内幕交易作为稽查执法的重点打击对象。① 目前内幕交易主要为中国证监会集中监管，辅之以公司自查之手段。中国证监会的监管主要根据现行的《证券法》等证券法律法规、《刑法》及相关司法解释。

一、行政监管层面

2007 年证监会颁布的《上市公司信息披露管理办法》、2010 年五部委联合发布的《关于依法打击和防控资本市场内幕交易意见的通知》、2011 年最高人民法院发布的《关于审理证券行政处罚案件证据若干问题的座谈会纪要》等规章制度，均增强了内幕交易的打击力度。

2020 年《证券法》的实施，扩大了内幕交易罪的认定范围及处罚范围，根据《证券法》的规定，在证券业务中，内幕交易指证券交易内幕信息知情人或非法获取内幕信息的人，在内幕信息公开前买卖相关证券，或者建议他人买卖相关证券的行

---

① 参见《证监会严厉打击各种形式的内幕交易》，载中国证券监督管理委员会网站，http://www.csrc.gov.cn/csrc/c100200/c1000387/content.shtml，最后访问日期：2022 年 6 月 28 日。

为。新《证券法》加大了内幕交易惩处力度,最高处以 10 倍罚款。

2021 年中共中央公办厅、国务院办公厅印发的《关于依法从严打击证券违法活动的意见》提出了坚持"零容忍"要求、坚持法治原则、坚持统筹协调、坚持底线思维,建设资本市场违法犯罪法律责任制度体系,依法从严从快从重查处内幕交易等重大违法案件。

二、刑事监管层面

2017 年修订的《刑法》第 180 条规定了内幕交易、泄露内幕信息罪及利用未公开信息交易罪,最高处以 10 年刑期及 5 倍罚金。

2019 年《关于办理操纵证券、期货市场刑事案件适用法律若干问题的解释》对于认定"以其他方法操纵证券、期货市场"及内幕交易罪、泄露内幕信息罪及利用未公开信息交易罪的法律适用作了详细规定。

2021 年施行的《刑法修正案(十一)》大幅度提高了操纵证券、期货市场等证券期货犯罪的刑事惩戒力度。修正案将存托凭证和国务院依法认定的其他证券纳入欺诈发行犯罪的规制范围;借鉴新证券法规定,针对市场中出现的新的操纵情形,完善操纵证券市场罪的表现形式,进一步明确对"幌骗交易操纵""蛊惑交易操纵""抢帽子操纵"等新型操纵市场行为追究刑事责任。

综上所述,近年来,特别是连续三年三次立法,国家对证券违法犯罪持"零容忍"态度,违法犯罪处罚空前严厉,建立资本主义市场违法犯罪责任制度,是当前和今后一段时期全方位资本市场监管执法工作的趋势。

第二节 防范措施及建议

内幕交易不仅危害资本市场管理秩序与中小股东利益,还会导致公司、内幕交易行为个人及其亲属等相关人员承担相应责任。许多人并不清楚自己属于内幕信息知情人,将内幕信息透露给配偶、亲戚、朋友,而配偶、亲戚、朋友又根据建议或利用该等信息买卖证券,最终导致个人、配偶、亲戚、朋友都将面临大额的经济罚款甚至牢狱之灾。

参照证监会于 2022 年发布施行的《上市公司监管指引第 5 号——上市公司内幕信息知情人登记管理制度》(证监会公告〔2022〕17 号),公司可以从以下方面完善防范内幕交易的相关制度。

一、建立内幕信息知情人档案

在内幕信息依法公开披露前,公司应当按照规定填写内幕信息知情人档案,及时记录商议筹划、论证咨询、合同订立等阶段及报告、传递、编制、决议、披露等环节的内幕信息知情人名单,及其知悉内幕信息的时间、地点、依据、方式、内容等信息。内幕信息知情人在内幕信息公开前负有保密义务。

公司董事会应当按照《上市公司监管指引第 5 号——上市公司内幕信息知情人登记管理制度》的规定以及证券交易所相关规则要求及时登记和报送内幕信息知情人档案,并保证内幕信息知情人档案真实、准确和完整,董事长为主要责任人。董事会秘书负责办理公司内幕信息知情人的登记入档和报送事宜。公司监事会应当对内幕信息知情人登记管理制度实施情况进行监督。

关于内幕信息知情人档案登记的内容,沪深证券交易所的规定大致相同,主要包括个人基本信息、职务、与上市公司关系、知情日期、知情地点、知情方式、知情阶段、知情内容、登记人信息、登记时间等。

二、填报内幕信息知情人档案信息

综合沪深交易所相关规定,需填报内幕信息知情人档案信息的事项包括重大资产重组、高比例送转股份、导致实际控制人或第一大股东发生变更的权益变动、公司被收购、发行证券、合并和分立、回购股份、股权激励草案和员工持股计划、中国证监会和交易所要求的其他可能对公司股票及其衍生品种的市场价格有重大影响的事项。

其中上市公司的股东、实际控制人及其关联方研究、发起涉及上市公司的重大事项,以及发生对上市公司证券交易价格有重大影响的其他事项时,或者证券公司、证券服务机构接受委托开展相关业务,该受托事项对上市公司证券交易价格有重大影响的,或者收购人、重大资产重组交易对方以及涉及上市公司并对上市公司证券交易价格有重大影响事项的其他发起方,应当填写本单位内幕信息知情人档案。

上述主体应当保证内幕信息知情人档案的真实、准确和完整,根据事项进程将内幕信息知情人档案分阶段送达公司,完整的内幕信息知情人档案的送达时间不得晚于内幕信息公开披露的时间。内幕信息知情人档案应当按照规定要求进行填写,并由内幕信息知情人进行确认。

三、制作重大事项进程备忘录

公司进行收购、重大资产重组、发行证券、合并、分立、分拆上市、回购股份等重大事项，或者披露其他可能对上市公司证券交易价格有重大影响的事项时，除按照规定填写内幕信息知情人档案外，还应当制作重大事项进程备忘录，内容包括但不限于筹划决策过程中各个关键时点的时间、参与筹划决策人员名单、筹划决策方式等。

公司应当督促重大事项进程备忘录涉及的相关人员在重大事项进程备忘录上签名确认。公司股东、实际控制人及其关联方等相关主体应当配合制作重大事项进程备忘录。公司披露重大事项后，相关事项发生重大变化的，应当及时补充报送内幕信息知情人档案及重大事项进程备忘录。

四、制定内幕信息知情人登记管理制度

公司内幕信息知情人登记管理制度中应当包括对公司下属各部门、分公司、控股子公司及公司能够对其实施重大影响的参股公司的内幕信息管理的内容，明确上述主体的内部报告义务、报告程序和有关人员的信息披露职责。公司内幕信息知情人登记管理制度中应当明确内幕信息知情人的保密义务、违反保密规定责任、保密制度落实要求等内容。

五、其他手段

公司根据中国证监会及证券交易所的规定，对内幕信息知情人买卖本公司证券的情况进行自查。公司应当及时补充完善内幕信息知情人档案及重大事项进程备忘录信息。内幕信息知情人档案及重大事项进程备忘录自记录(含补充完善)之日起至少保存10年。公司应当在内幕信息依法公开披露后5个交易日内将内幕信息知情人档案及重大事项进程备忘录报送证券交易所。

综上所述，在实践中，我们建议公司严格限定内幕知情人的范围，精简缩短磋商流程。对于保密信息，签署保密协议，做好保密分级工作。对于需要停牌披露的事项，可以合理地提前公开，从而减少内幕交易发生的可能性。

当面对证券监管机构或证券交易所的指控、调查时，公司可以积极行动。公司可以善用行政诉讼机制，在证监会受理违法线索对案件展开调查工作至作出处罚决定前，积极举证申辩自证清白。公司可以提供重大事项备忘录，就内幕信息知情人范围、内幕信息敏感期、内幕信息内容等关键事实提供有力证据，还原

交易过程。公司可以提起行政诉讼,聘请专业人员,针对内幕交易的构成要件收集和提交真实有利的证据,充分申辩。

第三节　处罚相关案例

近年来,内幕交易的处罚数量明显上升,自2015年后仅内幕交易的行政处罚案件每年不下50件。据统计,2021年度涉及上市公司的内幕交易行政处罚案件共计114件,其中被处罚的上市公司董事、监事、高级管理人员18人;涉及上市公司的内幕交易罪刑事案件共计12件,其中被追究刑事责任的16人。[①] 本节选取避损型内幕交易及获利型内幕交易案例各1例,以期对上市公司董监高避免内幕交易行为起到提示作用。

一、避损型内幕交易——Z公司减持股票内幕交易案

(一)基本案情

2019年4月,徐某时任某上市公司董事会秘书,徐某与Z公司时任董事长盛某某为校友,徐某将某上市公司2018年度将大幅亏损的信息告知盛某某及时任Z公司副总裁金某,盛某某与金某在获悉某上市公司2018年度将大幅亏损的信息后,将Z公司持有的该上市公司的1536万股股票卖出,规避损失6797万元。

证监会作出处罚决定书,没收Z公司内幕交易违法所得6797万元,并处以13,594万元的罚款;对盛某某给予警告,并处以15万元罚款;对金某给予警告,并处以10万元罚款。

(二)案例评析

该案件属于避损型(卖出型)的内幕交易案件。某上市公司大幅亏损事项等公司财务状况以及年报未披露事项属于内幕信息,盛某某、金某获知内幕信息,属于当时有效的《关于规范上市公司信息披露及各方行为的通知》规定的"由于业务往来知悉该事项的相关机构和人员",属于2005年《证券法》第74条第7项规定的"国务院证券监督管理机构规定的其他人",是内幕信息知情人。盛某某、金某在内幕信息尚未公开前减持相关股票,构成2005年《证券法》第202条规定的内幕交易行为。

---

① 参见洪灿:《上市公司董监高涉嫌内幕交易的刑事法律风险与辩护策略》,载《威科先行》2022年3月23日。

二、获利型内幕交易——李某、马某某买入上市公司股票案

（一）基本案情

2018 年 8 月，某公司董事长兼总经理杨某某与 M 公司副总裁、Z 公司总裁 N 某某等会面，讨论双方的业务合作以及下一步的投资合作。在商定 M 公司投资某公司及某公司子公司 W 公司后、某公司披露上述信息之前，杨某某将此消息告知大学好友马某某，马某某及其恋人高某于这一时期买入某公司股票。

证监会作出处罚决定书，责令马某某、李某依法处理非法持有的证券，没收马某某、李某违法所得 2159 万元，其中，马某某承担 2116 万元，李某承担 43.5 万元，并处以 4318 万元罚款，其中马某某承担 4231 万元，李某承担 87 万元。

（二）案例评析

该案件属于买入型的内幕交易案件。M 公司投资某公司及 W 公司未披露事项属于内幕信息，马某某、高某从杨某某处获知内幕信息，属于当时有效的《关于规范上市公司信息披露及各方行为的通知》规定的“由于业务往来知悉该事项的相关机构和人员”，属于 2005 年《证券法》第 74 条第 7 项规定的“国务院证券监督管理机构规定的其他人”，是内幕信息知情人。马某某、高某买入某公司股票这一交易行为明显异常，与内幕信息高度吻合，构成 2005 年《证券法》第 202 条规定的内幕交易行为。

第三章　市值管理

第一节　市值管理的监管趋势

上市公司的市值管理对于维护市场秩序和保护投资者利益至关重要。上市公司进行市值管理时，需要与法律法规、监管要求保持一致，并注重公司治理和内部合规管理，以确保市值管理的合规性和可持续性。

一、国内关于上市公司市值管理概念的提出

2005 年，国内经历了股权分置改革，国有股涌入证券市场，证券交易的流通性和活跃度得到了大幅度的提升，股票价格开始与上市公司股东的利益相关，市值逐渐成为上市公司经营考核、管理水平、增长潜力、行业地位等的重要指标，在此种情况下，上市公司市值管理就变得必要和可行。2005 年 9 月国务院国有资产监督管理委员会（以下简称国资委）在《关于在上市公司股权分置改革中国有股股权管理有关问题的通知》（国资产权〔2005〕246 号）中明确指出，要将市值纳入国资控股公司的考核体系。

2009 年，深交所创业板的开设使民营上市公司增多，市值管理逐步深入人心。2013 年 12 月，国务院发布《关于进一步加强资本市场中小投资者合法权益保护工作的意见》（国办发〔2013〕110 号），提出要“完善股份回购制度，引导上市公司承诺在出现股价低于每股净资产等情形时回购股份”。2014 年 5 月 8 日，国务院发布《关于进一步促进资本市场健康发展的若干意见》（国发〔2014〕17 号），该意见提出发展多层次股票市

场，提高上市公司质量，应当鼓励上市公司建立市值管理制度，肯定了市值管理的作用。

二、国内监管对上市公司市值管理的监管趋势

2015 年 8 月，证监会发言人在答记者问中表示，市值管理的主要目的是鼓励上市公司通过制定正确发展战略、完善公司治理、改进经营管理、培育核心竞争力，实实在在地、可持续地创造公司价值，以及通过资本运作工具实现公司市值与内在价值的动态均衡。

但是，市值管理并无明确统一的法律定义，并且市值管理的边界不清，市场各方对其认识不一。同时，国内尚无与市值管理有关的专门、系统的法律、法规或规范性文件，市值管理主要散见于交易所发布的一些规范指引文件中。因此，一些上市公司和相关参与方为了达到设定的股价目标，通过操纵股价、内幕交易等违法违规操作，以进行“市值管理”，进而从中牟利。

2021 年 5 月，某私募大 V 通过微博连续爆料，指名 10 多家上市公司以市值管理之名，操纵市场，引发公众关注。在被爆料的上市公司中，大多上市公司的市值在 50 亿元以下。被爆料后，多只小市值股票出现了跌停。

2021 年 7 月 6 日，中共中央办公厅、国务院办公厅印发《关于依法从严打击证券违法活动的意见》，明确要求坚持分类监管、精准打击，依法从严从快查处欺诈发行、虚假陈述、操纵市场、内幕交易、利用未公开信息交易以及编造、传播虚假信息等重大违法案件，加大对发行人控股股东及实控人、违法中介机构及其从业人员等的追责力度。该意见对加快健全证券执法司法体制机制，加大重大违法案件查处惩治力度，加强跨境监管执法协作作出重要部署，将有助于从严从快打击“伪市值管理”等违法行为，切实净化市场生态。

2021 年 9 月 24 日，证监会在新闻发布会上提出，正确把握上市公司市值管理的合法性边界，应当严守“三条红线”和“三项原则”。

“三条红线”：一是严禁操控上市公司信息，不得控制信息披露节奏，不得选择性信息披露、虚假信息披露，欺骗投资者；二是严禁进行内幕交易或操纵股价牟取非法利益，扰乱资本市场“三公”秩序；三是严禁损害上市公司利益及中小投资者合法权益。

“三项原则”：一是主体适格。市值管理的主体必须是上市公司或者其他依法准许的适格主体，除法律法规明确授权外，控股股东、实际控制人和董监高等其他主体不得以自身名义实施市值管理。二是账户实名。直接进行证券交易的

账户必须是上市公司或者依法准许的其他主体的实名账户。三是披露充分。必须按照现行规定真实、准确、完整、及时、公平地披露信息,不得操控信息,不得有抽屉协议。

为适应证券市场新的监管形势,国家对 2005 年《证券法》进行了修订。新《证券法》在 2005 年《证券法》基础上,吸收了证监会制定的《上市公司股东、董监高减持股份的若干规定》相关内容,对操纵市场、内幕交易等违法行为的惩处力度大幅提高。2021 年新出台和实施了《上市公司信息披露管理办法》等法律法规,对上市公司的信息披露制度进行了进一步的完善。2022 年 2 月 18 日,证监会发布了《证监会通报 2021 年案件办理情况》,通报全年共办理案件 609 起,其中重大案件 163 起,涉及财务造假、资金占用、以市值管理名义操纵市场、恶性内幕交易及中介机构未勤勉尽责等典型违法行为;依法向公安机关移送涉嫌犯罪案件(线索)177 起,同比增长 53%,会同公安部、最高人民检察院联合部署专项执法行动,证券执法司法合力进一步加强。同时"以市值管理名义操纵市场"被明确为典型证券违法行为,属于"零容忍"政策下重点打击的对象。

三、当前国内上市公司市值管理的司法情况

2020 年 12 月 26 日修订的《刑法修正案(十一)》与 2019 年 12 月 28 日新修订的《证券法》在关于市场操纵行为的手段表现规定上也基本保持了一致,完善了刑事执法制度。

2022 年 9 月 9 日,最高人民法院、最高人民检察院、公安部、中国证监会召开主题为"依法从严打击证券违法犯罪为资本市场营造良好法治环境"的新闻发布会。为进一步提高办案工作能力和执法司法水平,维护资本市场秩序,最高人民法院、最高人民检察院、公安部、中国证监会联合选编了"马某田等人违规披露、不披露重要信息、操纵证券市场案"等 5 件证券犯罪典型案例,并发布《关于印发依法从严打击证券犯罪典型案例的通知》。

综上所述,提升上市公司的市场价值、交易的活跃度纵然仍旧是上市公司的急迫需求,但随着分类监管、精准打击的不断加强,结合近几年出台的相关法律法规规定、处罚案例,上市公司需切实回归本心,通过合理制定战略、合法经营,规范运作等方式提高公司价值,通过产融结合、借助资本的力量壮大上市公司发展。上市公司在进行市值管理时务必要严守法律底线,远离违法红线。

第二节　合规要点

如前文所述，在当今证券市场环境中，上市公司市值管理的合规性至关重要。随着金融监管的日益加强和投资者对透明度和合规性的要求提高，上市公司必须积极应对，并确保市值管理的合规性。市值作为衡量公司价值和投资者回报的重要指标，合规的市值管理不仅有助于增强投资者对公司的信任，还能提高公司的声誉和竞争力。

本节将重点探讨上市公司市值管理的合规要点，包括信息披露合规、财务报告合规以及股权结构和治理合规。通过深入了解这些要点，上市公司能够更好地规划和执行市值管理策略，确保合规性，从而为公司的长期稳定发展和投资者的利益提供保障。

一、上市公司市值管理的信息披露合规

上市公司市值管理的信息披露合规是确保市场公平、透明和投资者权益的重要一环。下面将进一步探讨关键信息和重要事项的披露以及内幕信息管理和保密措施的合规要点。

（一）关键信息和重要事项的披露

上市公司应根据法律法规和交易所规定，及时披露关键信息和重要事项，这些信息对于投资者评估公司价值、决策买卖行为至关重要。披露的关键信息和重要事项可以包括但不限于以下内容：

财务状况：上市公司应按照规定的时间表和标准披露财务报告，包括年度报告、半年度报告和季度报告。这些报告应当真实、准确地反映公司的财务状况和经营成果。

业务运营：上市公司应披露与其业务运营相关的信息，例如市场份额、销售额、生产能力、合作伙伴关系等。这有助于投资者了解公司的经营状况和前景。

重大合同：上市公司应及时披露与其业务相关的重大合同，包括合同内容、金额、期限等信息。重大合同的披露有助于投资者评估公司的商业前景和风险。

风险因素：上市公司应披露可能对其经营状况和财务状况产生重大影响的风险因素，例如市场竞争、法律法规变化、自然灾害等。这有助于投资者全面了解公司所面临的风险和不确定性。

（二）内幕信息管理和保密措施

内幕信息是指未公开的与上市公司相关的具体事项，其对公司市值和股价

可能产生重大影响。为了防止内幕信息的滥用和不当传播，上市公司应建立健全的内幕信息管理制度，并采取相应的保密措施。

内幕信息管理制度：上市公司应建立内幕信息管理制度，明确内幕信息的定义、范围和管理程序。制度应明确内幕信息的保密、披露和使用规定，并规定相应的内幕信息披露义务。

内幕信息披露：当内幕信息达到一定的披露门槛时，上市公司应及时披露相关信息，以确保所有投资者能够在同等的基础上获取该信息。披露应按照规定的程序和要求进行，确保信息的真实、准确和公平。

内幕信息保密措施：上市公司应采取必要的技术和管理措施，确保内幕信息的安全和保密性。这包括加强信息系统的安全性、设立权限管理机制、加强员工的保密培训等。

综上所述，上市公司市值管理的信息披露合规要点包括关键信息和重要事项的披露，以及内幕信息管理和保密措施。上市公司应遵守法律法规和交易所规定，确保披露信息的准确性、及时性和完整性，同时建立健全的内幕信息管理制度和保密措施，以保障市场的公平和投资者的权益。只有合规披露和管理内幕信息，才能提升投资者对上市公司的信任度，促进市场的稳定和健康发展。

二、上市公司市值管理的财务报告合规

上市公司市值管理的财务报告合规是保证市场公平和投资者利益的重要一环。下面将进一步探讨财务准则和会计政策的遵守以及内部控制和审计要求的履行的合规要点。

（一）财务准则和会计政策的遵守

相关财务准则：上市公司应依据国家规定的财务准则编制财务报告，例如中国会计准则（Chinese Accounting Standards，CAS）或国际财务报告准则（International Financial Report Standard，IFRS）等。这些准则提供了规范和标准化的会计原则和规则，确保财务信息的准确性和可比性。

合规运用会计政策：上市公司应根据财务准则和相关法规，明确并合规运用会计政策。会计政策的选择和运用应遵循真实、公正、合理和谨慎的原则，避免利用会计手段对市值进行操纵或误导。

财务报告披露：上市公司应按照规定的时间表和标准披露财务报告，包括年度报告、半年度报告和季度报告。财务报告应真实、准确地反映公司的财务状况和经营成果，从而提供投资者评估公司价值和风险的依据。

(二)内部控制和审计要求的履行

内部控制体系:上市公司应建立健全的内部控制体系,确保财务报告的可靠性和完整性。内部控制包括风险管理、内部审计、财务管理、信息系统控制等方面,旨在保护资产、防止欺诈和错误、提高运营效率。

审计要求:上市公司应配备独立的审计机构对财务报告进行审计。审计机构应具备专业背景和独立性,对财务报告进行审查和验证,提供独立的意见和保证。审计的目的是增加财务报告的可信度和透明度,为投资者提供更准确的信息。

内部控制自评和披露:上市公司应自行评估内部控制的有效性,并披露相关信息。自评和披露的目的是让投资者了解公司内部控制体系的运行情况和有效性,从而提高市场对公司财务报告的信任度。

综上所述,上市公司市值管理的财务报告合规要点包括财务准则和会计政策的遵守,以及内部控制和审计要求的履行。上市公司应遵守相关财务准则,明确并合规运用会计政策,确保财务信息的准确性和可比性。同时,应建立健全的内部控制体系,配备独立的审计机构进行审计,提高财务报告的可信度和透明度。只有财务报告的合规,才能增强投资者对上市公司的信任,促进市场的稳定和健康发展。

三、上市公司市值管理的股权结构和治理合规

上市公司市值管理的股权结构和治理合规是保护投资者利益和维护市场秩序的重要环节。下面将进一步探讨股东权益和股权结构管理以及公司治理和独立董事制度的落实的合规要点。

(一)股东权益和股权结构管理

合规管理股东权益:上市公司应合规管理股东权益,确保股东的合法权益得到保护。这包括尊重股东权利,例如股东表决权、收益分配权等,并建立健全的投资者保护机制,以促进股东的参与和监督。

规范管理股权结构:上市公司应规范管理股权结构,避免利用股权结构变动影响市值的稳定性和公正性。管理股权结构的合规要点包括:

1. 防范操纵。上市公司应加强对操纵股权结构的监测和防范,避免恶意股权变动对市值产生不良影响。

2. 股权披露。上市公司应及时、准确地披露股权结构信息,以增加市场透明度和投资者信任度。

3. 股东公平待遇。上市公司应确保股东在公司治理和利益分配等方面获得公平待遇,避免利益输送和损害小股东权益。

(二)公司治理和独立董事制度的落实

有效的公司治理机制:上市公司应落实有效的公司治理机制,包括明确的权力和责任分配、决策程序、风险管理和内部控制等。有效的公司治理有助于提高市值管理的透明度和合规性。

独立董事制度:上市公司应建立独立董事制度,并确保独立董事的独立性和职责履行。独立董事作为独立的监督者,有责任监督管理层行为、提供独立的决策意见和保障投资者利益。

董事会的角色和职责:上市公司董事会应履行其决策、监督和审计等职责,制定和落实透明、公正的决策程序,以保护公司和股东的利益。

公司治理和独立董事制度的合规要点包括建立有效的治理机制、确保董事会的独立性和职责履行、加强对公司决策过程的监督和公开性等。通过规范股东权益和股权结构管理,加强公司治理的透明度和独立性,有助于提升市值管理的合规性和投资者的信任度。

综上所述,上市公司市值管理的股权结构和治理合规要点包括合规管理股东权益、规范管理股权结构,以及落实有效的公司治理机制和独立董事制度。上市公司应注重股东权益保护,规范股权结构变动,建立健全的公司治理机制,提高市值管理的透明度和合规性,为投资者提供公平、公正、透明的市场环境。遵守合规要求有助于提升上市公司市值管理的透明度和可信度,保护投资者利益,促进金融市场的健康发展。上市公司及相关从业人员应认真履行合规责任,积极建设良好的市值管理体系,共同推动金融市场的稳定和可持续发展。

第三节　市值管理违规事项

国内上市公司市值管理的合规性是监管机构高度关注的领域。通常我们所说的上市公司市值管理可能涉及违规的主要行为有虚假陈述、内幕交易、市场操纵、信息泄露和滥用等。这些违规行为严重损害了市场的公平性、透明度和投资者的利益。监管机构对于上市公司市值管理的违规行为采取严厉的处罚措施,包括罚款、暂停交易、注销上市资格等。

2023 年 3 月 24 日,证监会披露 2022 年证监稽查 20 起典型违法案例,从披露的案件类型看，上市公司信息披露违法违规、操纵市场、内幕信息泄露、内幕交易、个人违规出借证券账户等仍是主要的违规市值管理的方式。具体分析如下。

一、上市公司信息披露违法违规

从上述披露的典型案例看，上市公司信息披露违法违规案件数量共9起，数量最多。根据相关案例，主要的违规行为有实际控制人违规关联交易、虚构销售及采购业务、虚增销售及管理费用、伪造银行回单、上市公司重组标的财务造假等。

例如，TJT公司信息披露违法违规案（证监会行政处罚决定书〔2022〕17号）。本案是一起上市公司系统性造假的典型案例。2016年至2019年，TJT公司通过子公司虚构销售及采购业务、虚增销售及管理费用、伪造银行回单等方式，累计虚增收入211.21亿元、利润28.16亿元。本案表明，上市公司财务造假严重破坏资本市场信息披露秩序，侵蚀市场诚信基础，监管部门必将予以严厉打击①。

根据《证券法》第78条、第85条及最高人民法院《关于审理证券市场虚假陈述侵权民事赔偿案件的若干规定》第4条的规定，下列行为将被认定为违法市值管理：一是信息披露义务人在信息披露时，将不存在的事实在信息披露文件中予以记载；二是虚假陈述行为人在信息披露文件或者通过媒体，做出使投资人对其投资行为发生错误判断的重大影响陈述；三是未将可能影响投资者投资判断的重大信息披露或未全部披露；四是信息披露义务人未在适当期限内，或者未合法披露应当披露的信息。

二、上市公司操纵市场

在本次披露的典型案例中，有关上市公司操纵市场案件数量共2起。根据相关案例，主要的违规行为有利用资金优势、持股优势，采用盘中连续交易、对倒交易等方式操纵股票。

例如，王某操纵市场案（证监会行政处罚决定书〔2022〕64号）。本案是一起惯犯多次操纵股票的典型案例。2020年2月至11月，王某控制并使用145个证券账户，先后操纵JLGS、ELRD等8只股票，被罚没金额达5.7亿元。本

① 参见中国证监会：《2022年证监稽查20起典型违法案例》，载中国证券监督管理委员会网站2023年3月24日，http://www.csrc.gov.cn/csrc/c100028/c7397653/content.shtml。

案表明,操纵市场损害投资者利益,扰乱交易秩序,始终是监管部门的打击重点[①]。

2020年12月26日修订通过的《刑法修正案(十一)》就市场操纵行为的手段表现进行了规定。市场操纵手段有连续交易操纵、约定交易操纵("对倒")、洗售操纵("对敲")、虚假申报操纵、蛊惑交易操纵、"抢帽子"交易操纵、跨市场操纵等。认定行为人有市场操纵行为需要其主观方面有意图影响证券交易价格或者证券交易量主观故意,如果结果上已经产生了实际影响的事实,则推断其具有操纵市场的意图。

三、上市公司泄露内幕信息、内幕交易及违规出借证券账户

本次披露的典型案例中,上市公司泄露内幕信息案件和内幕交易案件,各为1起。根据相关案例,主要的违规行为实际控制人将相关信息泄露给朋友,导致他人内幕交易股票。另外,违规出借证券账户也纳入了典型案例。

(一)泄露内幕信息、内幕交易

例如,T某等人内幕交易案(证监会行政处罚决定书〔2022〕23、24、25号)。本案是一起并购重组环节内幕交易窝案的典型案例。2017年8月,XMKJ公司公告收购WC公司全部股权。上述内幕信息公开前,内幕信息知情人T某控制多个账户买入XMKJ公司股票,Y某、Q某等人通过上市公司实际控制人X某获知内幕信息后买入XMKJ公司股票。本案表明,上市公司并购重组仍是内幕交易多发领域,监管部门应持续加大监管执法力度,防控内幕交易行为[②]。

关于内幕交易主体,《证券法》第51条规定了内幕信息的知情人和非法获取内幕信息的人,并列举了9类内幕信息知情人,其中最后一类以"国务院证券监管机构规定的可以获取内幕信息的其他人员"作为兜底性条款。中国证监会在2007年发布的《证券市场内幕交易行为认定指引》将范围扩大到内幕信息的可能知情人,包括但不限于近亲属以及其他因亲属关系获取内幕信息的人。

关于内幕信息,《证券法》第52条第1款将其概括为"涉及公司经营、财务或者可能对公司的证券市场价格产生重大影响的尚未公开的信息",并在第2款明确第80条第2款所列重大事件属于内幕消息。

---

① 参见中国证监会:《2022年证监稽查20起典型违法案例》,载中国证券监督管理委员会网站2023年3月24日,http://www.csrc.gov.cn/csrc/c100028/c7397653/content.shtml。

② 参见中国证监会:《2022年证监稽查20起典型违法案例》,载中国证券监督管理委员会网站2023年3月24日,http://www.csrc.gov.cn/csrc/c100028/c7397653/content.shtml。

（二）违规出借证券账户

作为投资者开展证券交易活动的基础，证券账户专门记载投资者持有的证券种类和数量。因此，对证券账户的核查是监管部门对证券交易进行监督管理的抓手。在实践中，部分投资者通过出借自己的证券账户或者借用他人的证券账户，从事内幕交易、操纵市场、场外配资及规避证券法律法规对特定主体买卖证券的限制等证券违法行为，严重干扰了证券交易秩序，甚至给其他投资者造成严重损失。

例如，Z 某等人违规出借证券账户案（浙江证监局行政处罚决定书〔2022〕25、26 号）。本案是一起违规出借证券账户的典型案例。2020 年 9 月至 2021 年 1 月，Z 某、Y 某将本人证券账户借予 S 某使用，S 某利用二人账户违法交易 PLS 公司股票，Z 某、Y 某被分别处以 3 万元罚款。本案警示，新《证券法》进一步强化了证券账户实名制要求，加大了惩戒力度，投资者要增强守法意识，依法依规使用证券账户①。

鉴于该类行为极具隐蔽性和迷惑性，给监管与执法也制造了较大的干扰和障碍，为强化对利用他人账户买卖证券和出借证券账户行为的约束，我国在 2019 年修订《证券法》时适当提高了罚款金额。

四、市值管理、操纵股价和内幕交易的差异

该部分将探讨市值管理、股价操纵和内幕交易在中国 A 股市场中的差异。市值管理是指上市公司在合法合规的前提下，通过优化公司市值和增强投资者信心来实施的管理行为。股价操纵和内幕交易则是非法行为，包括操纵股票价格和利用未公开信息进行交易以获取个人利益。中国 A 股市场近年来蓬勃发展，吸引了国内外投资者的关注。在这个充满活力的市场中，上市公司和投资者参与了各种影响股票价格和市值的活动。

需要明晰三个明显但相互关联的概念：市值管理、股价操纵和内幕交易。

市值管理指的是上市公司合法合规地通过各种手段和策略优化公司的市值表现和提高投资者信心的管理行为。这些手段包括扩大业务领域、推出新产品、优化财务结构、实施股权激励计划和进行股票回购等。市值管理的目标是实现可持续增长，改善市值估值，并为股东提供更高的回报。

① 参见中国证监会：《2022 年证监稽查 20 起典型违法案例》，载中国证券监督管理委员会网站 2023 年 3 月 24 日，http://www.csrc.gov.cn/csrc/c100028/c7397653/content.shtml。

股价操纵是指人为地影响股票价格，以实现个人利益或操纵市场认知的非法行为。这种违法行为破坏了市场诚信，损害了投资者信心。股价操纵可能采取多种形式，包括散布虚假信息、制造人为交易量或进行虚假交易。监管机构严禁股价操纵，并对违规者实施严厉处罚。

内幕交易是指具有未公开信息的人利用这些信息买卖证券以获取利益的行为。这种非法行为使具备内幕信息的交易方占据不公平的优势，损害了其他缺乏这些信息的投资者利益。内幕交易破坏了市场的公平性、透明性和信任度，导致投资者信心丧失。监管机构应对内幕交易采取严厉打击措施，保护所有市场参与者的利益。

中国 A 股市场受中国证监会等监管机构监管。这些机构执行法律法规，维护市场稳定，确保投资者保护，并促进公平透明的交易行为。其监管框架涉及市值管理、股价操纵和内幕交易，并设立了明确的指导方针和违规后果。

区分市值管理与非法活动如股价操纵和内幕交易对维护市场稳定性和保护投资者信心同样至关重要。市值管理通过鼓励公司采取可持续的增长策略促进了健康市场发展。同时，它通过促进透明度和问责制增强了投资者信心。

相反，股价操纵和内幕交易对市场诚信和投资者信心构成了重大威胁。这些行为破坏了市场的自由和公平运作，为投资者创造了不公平的竞争环境，导致“散户”投资者可能变得不信任并不愿参与市场，潜在地影响市场流动性和整体稳定性。

综上所述，了解市值管理、股价操纵和内幕交易之间的差异对于维护中国 A 股市场的活力和稳定至关重要。在合法合规的前提下，市值管理对于公司和投资者都是积极的影响。相反，股价操纵和内幕交易破坏了市场诚信和投资者的信心，削弱了市场的健康发展。因此，严格执行现有的法规，不断努力教育市场参与者合规行为的重要性，对于保护投资者和培育可靠的 A 股市场至关重要。

第四章　资金占用与违规担保

中国 A 股市场作为全球最大的股票市场之一，扮演着重要的角色。然而，近年来资金占用和违规担保等违规行为在上市公司中频繁出现，对公司治理和市场信心造成了极大挑战。本章将深入探讨这一问题，并分析相关法律法规的应对措施。

第一节　相关案例简述

STKD 案：

日期：2018 年

事件概述：STKD 是中国 A 股上市的医药企业。该公司董事长及高管涉嫌操纵公司股票价格，用公司资金购买自家股票，对公司进行资金占用。监管部门最终介入调查，对公司及相关责任人做出了相应处罚。

KDX 案：

日期：2020 年

事件概述：KDX 是一家中国 A 股上市的生物制药公司。该公司董事长涉嫌违规占用公司资金，导致公司面临严重的流动性风险。监管部门最终介入调查，对公司及相关责任人做出了相应处罚，包括对董事长的处罚和公司治理的改革。

YY 饮品案：

日期：2020 年

事件概述：YY 饮品是一家中国 A 股上市的饮料企业。该公司涉嫌违规担保关联方债务，将大量资金用于非法用途，严重损害了公司利益。监管部门对公司的担保行为进行了调查，并对公司及相关责任人做出了处罚。

STLD 案:

日期:2020 年

事件概述:STLD 是中国 A 股上市的一家钢铁企业。该公司董事长涉嫌资金占用,将公司资金用于个人用途,严重损害了公司的财务状况。监管部门介入调查,对公司及相关责任人做出了相应处罚,并对公司治理进行了整改。

以上这些案例将从不同角度展示资金占用和违规担保行为的严重性,以及对公司和投资者的影响。

第二节 资金占用与违规担保的危害

2022 年 1 月 28 日,中国证监会、公安部、国资委、原中国银行保险监督管理委员会(以下简称银保监会)公布《上市公司监管指引第 8 号——上市公司资金往来、对外担保的监管要求》(证监会公告〔2022〕26 号),将《关于规范上市公司与关联方资金往来及上市公司对外担保若干问题的通知》(证监会公告〔2017〕16 号)、《关于规范上市公司对外担保行为的通知》(证监发〔2005〕120 号)和《关于集中解决上市公司资金被占用和违规担保问题的通知》(证监公司字〔2005〕37 号)三份规范性文件内容进行梳理归并。特别是在罚则部分,该指引整合关于证监会、国资委和原银保监会等单位依法查处违法违规行为的内容,并新增公安机关对涉嫌犯罪案件的处理。

资金占用与违规担保的行为对上市公司及其利益相关方带来了严重的危害,以下是一些典型的影响:

1. 财务风险和流动性压力。资金占用导致公司资金流失,可能导致公司面临严重的财务风险,无法满足日常经营和发展的资金需求,甚至面临破产风险。

2. 损害债权人利益。资金占用可能导致债权人对公司履行债务的能力产生不良预期,甚至导致对债权人的直接违约,从而引发债权人诉讼,资金占用方还可能因此对公司债务承担连带责任。

3. 投资者信心受挫。资金占用和违规担保行为会对投资者信心造成严重冲击。投资者可能对公司治理和信息披露产生怀疑,担心自己的权益受损,从而纷纷撤离市场,导致股价大幅下跌。

4. 法律责任增加。根据《公司法》《证券法》《公司治理准则》等相关法律法规，对于涉及的违规行为，可能面临以下法律责任：(1)行政处罚。监管机构有权对公司及相关责任人做出行政处罚，例如罚款、责令停产停业、撤销营业执照等，以维护市场秩序和投资者权益。(2)民事责任。受损害的投资者、债权人等，有权通过民事诉讼要求赔偿损失。公司及相关责任人可能需要承担民事赔偿责任。(3)刑事责任。在严重的违规情况下，涉及资金犯罪或金融诈骗等刑事行为的，相关责任人可能面临刑事指控和判刑。(4)撤销上市资格。监管机构可以根据上市公司的违规行为，撤销其在证券交易所的上市资格，使其不再在二级市场交易。(5)限制高管资格。对于公司高级管理人员或董事会成员，如果涉及违规行为，可能会受到限制高管资格的处罚，禁止其在未来一定期限内担任类似职位。违规行为涉及的法律责任可能包括行政处罚、民事责任和刑事责任。公司及相关责任人可能面临罚款、退还资金甚至入狱等后果。

5. 信用受损。资金占用和违规担保行为会导致公司信用受损，从而使公司在融资和业务合作方面遇到困难，借款成本上升，甚至导致银行抽贷、断贷。

6. 监管处罚。一旦监管机构发现违规行为，可能对公司进行严厉的监管处罚，包括罚款、暂停交易、撤销上市资格等，对公司的生存和发展带来重大挑战。

7. 声誉风险。资金占用和违规担保行为会严重损害公司的声誉和形象，不仅影响投资者对公司的信任，也可能导致合作伙伴的远离。

第三节　避免违规的措施

当上市公司面临资金占用与违规担保等紧急情况时，需要立即采取应急措施来控制损失、稳定公司运营，并遵守相关法规和规定。以下是一些上市公司可能采取的应急措施：

1. 内部调查。立即展开内部调查，查明问题的性质和影响范围。公司应当组织专业团队对涉嫌资金占用和违规担保的情况进行深入调查，以确定责任人和具体影响。

2. 暂停资金支付。对于涉及资金占用的情况，公司可以暂停与相关责任人或单位的资金支付和交易，以防止进一步的损失。

3. 召开紧急会议。召开紧急董事会或管理层会议，及时了解情况，并讨论并制定解决方案和应对措施。

4. 报告监管机构。及时向相关监管机构报告发生的问题，遵守相关法规和规定，并主动配合监管部门的调查和处理。

5. 整改与清退。对于涉嫌违规行为的责任人，要求其整改行为，及时清退相关资金。同时，公司可能需要采取措施弥补资金缺口，确保正常运营。

6. 公告及信息披露。及时向投资者和市场公告事实情况，避免信息不透明引发市场恐慌和不信任。

7. 加强内部控制。对公司的内部控制体系进行评估和加强，确保日常经营活动符合规范和合规。

8. 与股东、投资者沟通。与股东和投资者积极沟通，解释情况并提供透明的信息，增强市场信心。

9. 寻求专业支持。如果需要，公司可以寻求律师、会计师等专业机构的支持和建议，协助解决问题。

以上措施仅是一些可能的例子，具体应急措施要根据公司的情况和问题的严重程度来确定。对于严重的违规行为，可能需要更深入的整改和监管部门的介入处理。维护公司的声誉和市场形象是至关重要的，因此在面对紧急情况时，公司应该谨慎行动，确保合规经营。

为了避免资金占用与违规担保等违规行为对上市公司造成的危害，提升上市公司合规经营的重要性不言而喻。在这一部分，我们将探讨一些具体措施。

1. 加强内部治理。上市公司应加强内部治理，建立健全董事会、监事会、高级管理层的权责机制，确保公司管理层运作透明、高效。

2. 建立完善的内部控制体系。公司应建立完善的内部控制体系，包括风险管理、资金使用、内部审计等，确保公司的经营活动合规和规范。

3. 加强信息披露和透明度。上市公司应及时、准确、完整地披露公司财务信息、重大事件等，保障投资者合法权益。

4. 增强企业社会责任意识。公司应增强企业社会责任意识，尊重社会法律法规，注重社会公众利益，维护良好的社会形象。

综上所述，资金占用与违规担保等违规行为在中国 A 股市场上是一项严峻的挑战，但也为监管部门和上市公司提供了改进和加强合规经营的机遇。合规经营对于公司发展和市场稳定至关重要，唯有强化公司内部治理，加强信息披露，严格执行相关法律法规，才能建设更加健康和可持续的资本市场。监管机构也需加强监管力度，加大违规行为的处罚力度，维护市场秩序，保护投资者权益。通过共同努力，中国资本市场必将更加成熟和健康地发展。

第五章　上市公司再融资

第一节　再融资方案设计要点和决策因素

上市公司再融资是指上市公司通过发行新的证券或利用现有证券市场获取资金的过程。再融资是企业发展和扩大经营规模的重要手段之一,不仅能满足企业资金需求,还有助于提高上市公司的资本实力、扩大市场份额,并增加投资者信心。再融资工具的选择对于公司的长远发展和资本市场的稳定具有重要意义。

在当前的经济环境下,上市公司面临日益增长的资金需求,尤其是在扩大业务、进行并购或研发创新等方面。再融资工具的选择将直接影响公司的融资成本、股权结构和市场声誉。而再融资决策又往往涉及多个因素的综合考量,包括公司的财务状况、市场环境和行业特点、投资者需求和偏好,以及法律法规和监管要求等。公司管理层需要综合考虑这些因素,制定出最合适的再融资策略和工具选择。

上市公司在增发、配股和发行债券之间做出选择时,需要综合考虑多个因素。以下是一些关键要点,可以帮助公司做出决策:

1. 资金需求和用途。首先,公司应明确自身的资金需求和用途。确定需要融资的具体金额以及将用于扩大业务、偿还债务、进行研发创新或进行并购等方面的用途。其次,不同工具的融资规模和期限不同,公司应根据资金需求的大小和期限的长短,选择合适的工具。

2. 股权变动和控制权考虑。增发和配股都是通过发行股票来融资,因此会对公司的股权结构和控制权产生影响。增发会导致股东比例的稀释,而配股则优先向现有股东发行股票,以保持他们的股权比例。公司需要综合考虑股东的意愿、对控制权的影响以及股权结构的合理性,做出适当选择。

3. 市场接受度和流动性。增发、配股和债券发行的市场接受度和流动性不同。公司应评估市场对这些工具的接受程度,并选择具有良好流动性和投资者认可度高的工具。流动性好的工具有助于提高再融资的顺利进行和降低交易成本。

4. 融资成本和融资条件。不同的再融资工具涉及不同的成本和融资条件。公司需要综合考虑发行成本、利率水平、转股价或认购价等因素,选择最符合公司利益的工具。同时,公司还应关注融资条件中的约束和限制,确保与公司战略和未来发展相符。

5. 投资者需求和偏好。考虑投资者需求和偏好也是重要的因素。公司应了解投资者对不同工具的喜好和关注点,以确保再融资工具与投资者需求相匹配。例如,对于追求稳定收益的投资者,债券发行可能更受青睐;而对于追求增长机会的投资者,增发和配股可能更具吸引力。

6. 法律法规和监管要求。再融资工具选择必须符合相关的法律法规和监管要求。公司应仔细研究证券市场的规定和监管机构的要求。

第二节　融资成本具体差异比较

如前文所述,融资成本是选择融资工具时的一个重要的考量因素。一般而言,债券发行的融资成本相对较低,而增发和配股的融资成本可能相对较高。以下是对这些工具的融资成本进行一般性评估。

1. 债券发行。债券发行的融资成本通常较低,特别是对于信用评级较高的公司。债券的利率通常是固定的,并且根据市场利率和债券的风险评级确定。相对于股权融资,债券发行可以提供相对较低的利率和融资成本。

2. 增发/非公开发行股票。增发的融资成本可能相对较高。增发通常会发行新股份,导致股权稀释,投资者可能对此进行定价折扣要求。此外,增发可能还涉及承销费用、发行费用和法律咨询费用等费用,进一步增加融资成本。

3. 配股。配股的融资成本一般相对较高。配股通常会发行新股份,并向现有股东提供认购权,但股东有权行使或放弃认购权。由于配股不会引起股权稀释,公司可能会在定价上设置较高的折扣,以增加股东行使认购权的动力。

需要注意的是，具体的融资成本还受到市场条件、公司的信用状况和投资者的需求等因素的影响。在实际决策过程中，公司应综合考虑融资成本、资金需求和市场情况，并选择最经济有效的融资工具。此外，公司还应与专业机构协商并评估具体的融资成本和费用。

第三节　发行可转换公司债

在众多再融资工具中，可转换公司债(可转债)是一项值得关注和选择的融资渠道。上市公司债券的发行方式多种多样，其中包括公开发行、私募发行等。在选择合适的债券发行方式时，上市公司需要考虑相关的法规要求以及适用场景。

一、发行债券需要遵守的中国法规

关于发行债券的法规主要有《公司法》《证券法》《公司债券发行与交易管理办法》《深圳证券交易所公司债券上市规则》《上海证券交易所公司债券上市规则》《可转换公司债券管理办法》《非公开发行公司债券项目承接负面清单指引》《非公开发行公司债券报备管理办法》等。

二、选择可转债的关注点

(一)发行可转债的适用情形

1. 资本市场认可度高

发行可转债通常需要投资者对公司的信誉和发展前景有较高的认可度。当上市公司具备较高的市场认可度和投资者信任度时，发行可转债可以吸引更多投资者的参与，提供更广泛的融资渠道。

2. 需要长期资金支持

可转债作为一种混合性金融工具，具备债券和股权两种特征。发行可转债可以为上市公司提供较长期限的融资，相比于短期融资工具，更适合满足长期资金需求的情况，比如投资项目、扩大规模等。

3. 降低融资成本

相对于纯债券融资或股权融资，可转债通常可以享受较低的融资成本。由于可转债具备债券的借款特性，其利率一般较低，但也具备转股权的特点，一定程度上降低了融资成本。

4. 注重股东利益保护

可转债在发行时对股东利益的保护比较充分。当公司希望通过融资工具的选择平衡股东权益和债权人权益时,可转债是一种较为合适的选择。它可以满足股东的长期利益追求,同时也提供了债权人的权益保护。

5. 股价预期较高

发行可转债可以在一定程度上参与股价上涨的机会。当公司对未来股价表现有较为乐观的预期时,发行可转债可以让投资者在债券转股时分享股价上涨的收益。

需要注意的是,发行可转债需要综合考虑市场状况、投资者需求、债券定价、转股条件、转股价格等因素。同时,公司还应遵守相关法律法规和交易所规定,并与专业金融机构和法律顾问进行充分讨论和咨询,以制定适合的融资方案。

(二)可转债的优势

在上市公司股价较低的情况下,发行可转债可以是一种值得考虑的融资选择,其优势主要体现在如下方面:

1. 降低融资成本

当上市公司股价较低时,发行普通债券可能会面临较高的利率和债务成本。相比之下,发行可转债可以吸引更多投资者的兴趣,并为投资者提供一种在股价上涨时将债券转换为股票的机会。这种机制使可转债相对于普通债券具有更高的吸引力,可能会降低债券发行的融资成本。

2. 提升投资者需求

可转债作为一种特殊的融资工具,具有固定收益和潜在的股票增值收益。在上市公司股价较低时,投资者可能更倾向于选择可转债,因为他们有机会在股价回升时通过债券转股获得更大的收益。因此,发行可转债可以提升投资者对上市公司债券的需求,并吸引更多投资者参与。

3. 弥补股价低迷带来的资金压力

股价较低可能会导致上市公司面临资金压力和市值下降的问题。通过发行可转债,上市公司可以在不立即稀释股东权益的情况下获得资金支持。这使公司能够满足短期的融资需求,稳定经营并寻找机会来改善股价表现。

(三)上市公司可转债转股价的确定要点

确定上市公司可转债的转股价是一个重要的决策过程,通常会考虑以下几个因素。

1. 市场价格

可转债的转股价通常会与公司的市价挂钩。转股价的确定应该考虑到当前的市场价格水平，以确保转股权益对债券持有人和公司都具有合理的价值。

2. 市场需求和投资者认可度

可转债的转股价也会受到市场需求和投资者认可度的影响。如果公司希望吸引更多的投资者参与转股，可以考虑设置较低的转股价，以提供更大的潜在股票增值空间。

3. 债券条款和投资者利益平衡

转股价的确定应该平衡债券持有人和公司的利益。较低的转股价有助于吸引债券持有人，但可能会对公司的股权结构和现有股东权益造成影响。因此，需要仔细考虑债券条款和转股权益，以确保公平和平衡。

4. 公司财务状况和未来预期

转股价的确定还应考虑到公司的财务状况和未来的业绩预期。如果公司有良好的财务状况和增长前景，可以考虑设置较高的转股价，以反映公司的潜在价值。

5. 相关法律法规和监管要求

转股价的确定还需要符合相关的法律法规和监管要求。如果上市公司在不同的市场发行债券，不同市场和监管机构可能对转股价的设置有不同的规定和限制，上市公司需要遵守相应的规定。一些国家的反垄断法和竞争法可能限制上市公司在设定可转债转股价时的行为。这些法律可能防止公司通过垄断或操纵市场来影响转股价的设定。

转股价的确定应该结合公司自身情况、市场环境、投资者需求和法律法规要求等多个因素进行综合考虑。通常，上市公司会依靠专业的投行机构和财务顾问提供意见和分析，以支持转股价的决策过程。

（四）风险提示

需要注意的是，发行可转债也有一些风险和考虑因素：

1. 股价下跌导致债券转股价值下降

当上市公司股价持续下跌时，可转债的转股价值可能会受到影响。如果股价长期维持在较低水平，投资者可能不愿意将债券转换为股票，导致可转债无法充分发挥其潜在的增值功能。

2. 股东权益稀释

可转债的发行会带来一定程度的股东权益稀释。如果上市公司股价在发行可转债后出现大幅上涨，债券转股将增加已有股东的稀释风险。

综上所述，上市公司在选择债券发行方式时应综合考虑公司自身情况和融资目的。公司规模、发展阶段、融资需求和用途、市场环境和投资者基础，以及法规要求和披露成本等因素都应该被纳入考虑范围。通过合理的选择，上市公司可以达到最佳的融资效果，并满足特定的融资需求。尽管上市公司股价较低时发行可转债具有一定的优势，能降低融资成本并吸引投资者需求，但公司仍需仔细评估股价的走势、市场状况以及可转债的风险和益处，以做出最适合的融资决策。

第四节　债券违规及虚假陈述司法实践及相关案例

随着债券市场的迅猛发展，就债券违规及证券虚假陈述提起诉讼的相关诉讼也逐年增多。证券虚假陈述即上市公司违反法律、行政法规、证券监管部门制定的规章和规范性文件中关于信息披露的有关规定，在相关报告或文件中对应当披露的信息进行虚假披露、部分披露或者不披露等的行为。

证券虚假陈述行为的实施者通常为发行人，其担负信息披露第一责任。如果投资者所受损失是由于虚假陈述行为造成的，在交易因果关系存在的前提下，损失因果关系解决的是上市公司应对投资者所受损失承担多少的问题。其中，"揭露日"则对因果关系的判定具有决定性影响。

一、相关司法条文解读

《全国法院审理债券纠纷案件座谈会纪要》（法〔2020〕185 号）第 24 条规定，"债券持有人在债券信息披露文件中的虚假陈述内容被揭露后在交易市场买入债券的，对其依据本纪要第二十二条规定要求发行人承担责任的诉讼请求，人民法院不予支持。债券投资人在债券信息披露文件中的虚假陈述内容被揭露后在交易市场买入该债券，其后又因发行人的其他信息披露文件中存在虚假记载、误导性陈述或者重大遗漏导致其信用风险进一步恶化所造成的损失，按照本纪要第二十二条的规定计算。人民法院在认定债券信息披露文件中的虚假陈述内容对债券投资人交易损失的影响时，发行人及其他责任主体能够证明投资者通过内幕交易、操纵市场等方式卖出债券，导致交易价格明显低于卖出时的债券市场公允价值的，人民法院可以参考欺诈发行、虚假陈述行为揭露日之后的十个交易日的加权平均交易价格或前三十个交易日的市场估值确定该债券的市场公允价格,并以此计算债券投资者的交易损失。发行人及其他责任主体能够证明债券持有人、债券投资者的损失部分或者全部是由于市场无风险利率水平变化(以同期限国债利率为参考)、政策风险等与欺诈发行、虚假陈述行为无关的其他因素造成的,人民法院在确定损失赔偿范围时,应当根据原因力的大小相应减轻或者免除赔偿责任。人民法院在案件审理中,可以委托市场投资者认可的专业机构确定欺诈发行、虚假陈述行为对债券持有人和债券投资者损失的影响”。

前述规定以虚假陈述行为揭露日作为虚假陈述行为与损失间是否具有因果关系的区分时点,故揭露日的认定标准具有十分重要的意义。

关于揭露日,《全国法院民商事审判工作会议纪要》(法〔2019〕254 号)第 84 条对“揭露日和更正日的认定”的规定为:“虚假陈述的揭露和更正,是指虚假陈述被市场所知悉、了解,其精确程度并不以‘镜像规则’为必要,不要求达到全面、完整、准确的程度。原则上,只要交易市场对监管部门立案调查、权威媒体刊载的揭露文章等信息存在着明显的反应,对一方主张市场已经知悉虚假陈述的抗辩,人民法院依法予以支持。’

在司法层面,最高人民法院《关于审理证券市场虚假陈述侵权民事赔偿案件的若干规定》(法释〔2022〕2 号)第 8 条规定,“虚假陈述揭露日,是指虚假陈述在具有全国性影响的报刊、电台、电视台或监管部门网站、交易场所网站、主要门户网站、行业知名的自媒体等媒体上,首次被公开揭露并为证券市场知悉之日。人民法院应当根据公开交易市场对相关信息的反应等证据,判断投资者是否知悉了虚假陈述。除当事人有相反证据足以反驳外,下列日期应当认定为揭露日:(一)监管部门以涉嫌信息披露违法为由对信息披露义务人立案调查的信息公开之日;(二)证券交易场所等自律管理组织因虚假陈述对信息披露义务人等责任主体采取自律管理措施的信息公布之日。信息披露义务人实施的虚假陈述呈连续状态的,以首次被公开揭露并为证券市场知悉之日为揭露日。信息披露义务人实施多个相互独立的虚假陈述的,人民法院应当分别认定其揭露日”。

二、司法判例中就“揭露日”的认定规则

(一)首次公开

最高人民法院确定“首次公开”为“揭露日”认定标准之一。例如,最高人民法院就凌某、某制药股份有限公司证券虚假陈述责任纠纷作出的再审审查与审判监督民事裁定书[(2021)最高法民申 112 号],认定在上市公司公告《调查通知书》前,上市公司曾自行发布《自查报告》,首次较为完整地披露了其《2016 年

年度报告》存在信息披露违规行为及其违法性质，且与虚假陈述内容具有高度一致性。人民法院最终以该首次公开之日即公告《自查报告》之日作为虚假陈述的“揭露日”。

（二）广泛性

广东省广州市中级人民法院在（2019）粤01民初1420号民事判决书中认为，2019年6月14日权威媒体揭露的内容是A公司虚假陈述的基础和核心，市场在2019年6月14日之后几日对该揭露内容存在明显反应，故认定虚假陈述揭露日为2019年6月14日。

（三）警示性

最高人民法院在（2020）最高法民申6511号再审审查与审判监督民事裁定书中认为，在虚假陈述责任纠纷案件中，揭露日的确定，除应当满足首次性、全国性的要求外，一般理解还应当具备揭露内容相对具体明确、揭露力度足以对投资者产生警示以及揭露后股价有明显反应等相关条件。就2015年5月1日《调查通知书》公告日而言，内容相对简单、原则性，故原审判决未将《调查通知书》公告日确定为虚假陈述揭露日有相应的依据。而《事先告知书》披露的虚假陈述内容明确、具体，且与之后证监会正式作出的《行政处罚决定书》的实质内容相一致。据此，原审判决将《事先告知书》公告日即2015年11月7日作为虚假陈述揭露日，并无明显不当。

第六章　上市公司并购重组

第一节　并购重组的方案设计注意要点

上市公司并购重组是上市公司资本运作中较为复杂但极为重要的业务之一。在并购交易中,我们需要寻找既能够兼顾各方利益又符合监管要求的最优方案。基于此,上市公司并购重组一开始的方案设计就显得尤为的重要。根据以往的经验结合相关案例,笔者归纳梳理了以下几项方案设计的要点,供读者交流与参考。

一、上市公司并购重组主要交易类型

在上市公司并购重组方案设计之前,需要先明确本次并购重组的交易类型,再进行进一步的交易方案设计。通常情况下,上市公司并购重组的主要交易类型分为:(1)现金收购;(2)重大资产出售;(3)重大资产置换;(4)发行股份购买资产(配套募集资金,如需);(5)重大资产置换、出售+发行股份购买资产(配套募集资金,如需)(借壳)。因此,在方案设计前,要根据上市公司和标的公司的实际需求,并结合并购重组的法律法规要求,优先确定上市公司并购重组的交易类型。

二、估值定价

标的公司的估值定价在并购重组中是最重要,也是最核心的点,这不仅是交易方案设计的核心,也是后续监管审核的重点。在现行法律法规的框架下,标的公司的估值依据主要如下:(1)以具有证券从业资格的资产评估机构出具的资产评估

报告为依据;(2)以估值机构出具的估值报告为依据。目前,以资产评估为依据的,因受到资产评估法及相关行业准则规范的约束,相对更容易获得监管部门及市场的认可,这种方式也是目前在上市公司并购重组中最为流行的方式。

目前我们市场上常见的评估方法主要有三种,分别是资产基础法、收益法和市场法。上市公司并购重组绝大多数情况下考虑的是标的公司未来的盈利能力,相较于资产基础法和市场法,收益法更体现并兼顾企业现状及未来盈利能力,因此在A股市场上的应用也越发常见。在意向阶段,双方一般按照市盈率作为较为常见的评估方法对标的公司进行初步的估值谈判,但是本质上估值是双方交易谈判的结果,也受多种因素的影响,包括但不限于上市公司股价、拟定的股份发行价格、标的公司行业成长性、盈利预测、增长率等。

从方案设计讲,风险和收益一般情况下是对等的。支付方式,对赌安排,锁定期安排这些都会对估值产生影响。通常情况下,全部现金支付且无对赌安排的估值会低于股份支付且有对赌安排的估值,锁定期长的估值会高于锁定期短的估值,同时估值还会考虑税收成本等。因此,标的公司的估值是比较复杂的过程,最终取决于上市公司对标的的价值的判断和双方之间的博弈,同时还需考虑市场和监管机构对标的公司估值的心理底线,片面的高估值可能会面临业绩能否支撑、市场与监管部门是否认可这个矛盾。

三、支付方式

上市公司因其特殊性,在支付方式上可以选择股份支付、现金支付,或者两者按一定比例相结合的方式进行混合支付。

在支付方式的选择上如何选择,通常交易双方会考虑以下几种因素:

1. 交易规模。如果标的公司的估值较低,涉及本次交易的规模较小的,考虑到交易的便利性、确定性及监管的要求,一般上市公司会优先考虑采用现金的方式进行收购。

2. 上市公司的股权结构及控股股东、实际控制人的控制权情况。如果采用全部或部分股份支付,上市公司会对本次交易进行测算,测算在本次交易后是否会对上市公司的控制权造成影响,或者该比例股份的稀释是否会对后续上市公司的再融资等其他资本运作空间造成一定的限制。

3. 上市公司估值及市盈率情况。上市公司在估值较高的情况下做发行股份购买资产是比较划算的,这样相较于估值低的时候其稀释的股份数更少,股权结构会更加稳定,但是标的公司的股东可能更加倾向于接受现金。反之亦然。

4. 交易对方的身份和实际需求。上市公司如果是跨行业收购或希望标的公司的管理层稳定的，其更希望能够长期绑定标的公司控股股东的利益，因此相较于现金收购，股份支付的方式更能达到此项目的，防止标的公司的股东或管理层套现后不再专注于标的公司业务本身。同样，如果标的公司股东层面有较多的财务投资人，其更注意短期套现，因此在支付方式选择上更倾向于现金。

5. 锁定交易对方的需要。股份支付更容易绑定标的公司的管理层，以寻求更为长期的利益关系，也有利于业绩承诺的兑现或补偿。

6. 税负考虑。股份支付在特定情况下可以适用特殊性税务重组政策来实现合理的延迟纳税，相比现金收购一次性套现的税费，可以有一定的优势。

7. 交易标的的性质。根据现行的法律法规和政策，亏损的资产不允许用股份支付的方式，此种情况下审核压力会比较大。少数股权要使用股份支付需要满足一定的条件，因此对整体支付方式设计上会造成一定影响。

四、业绩承诺及补偿

业绩承诺和补偿是在上述估值定价、支付方式基础上配套设置的一个交易要件。《上市公司重大资产重组管理办法》第 35 条第 1 款规定采取收益现值法、假设开发法等基于未来收益预期的方法对拟购买资产进行评估或者估值并作为定价参考依据的，上市公司应当在重大资产重组实施完毕后 3 年内的年度报告中单独披露相关资产的实际盈利数与利润预测数的差异情况，并由会计师事务所对此出具专项审核意见；交易对方应当与上市公司就相关资产实际盈利数不足利润预测数的情况签订明确可行的补偿协议。同时该条款第 3 款对是否进行业绩补偿的条件作了进一步规定：上市公司向控股股东、实际控制人或者其控制的关联人之外的特定对象购买资产且未导致控制权发生变更的，不适用本条前两款规定，上市公司与交易对方可以根据市场化原则，自主协商是否采取业绩补偿和每股收益填补措施及相关具体安排。

基于此，对于并购重组是否需要进行业绩补偿，可以从以下四个方面进行判断：

1. 重组的性质。业绩补偿仅是针对购买资产而言，出售资产一般是不需要进行业绩补偿的。

2. 评估方法。重组办法明确规定只有针对采取收益法、假设开发法等未来收益预期的方法对拟购买资产进行评估或估值作为定价参考依据的才需要进行业绩补偿，其他的评估方法法律上不强制要求约定业绩补偿。

3. 交易对方。无论标的资产是否为其所控制，或者无论其余交易是否给予过桥等暂时性安排，上市公司的控股股东实际控制或控制的关联人，均以其获得的股份和现金进行业绩补偿。在交易定价采用资产基础估值的情况下，如果资产基础法中对于一项或几项资产采用了未来收益法的这种方法，那么上市公司的控股股东实际控制人或控制的关联人，也应当就此部分进行业绩补偿。

4. 收购股比。由于证监会在审核重大资产重组时，为收购标的公司所有的股权，往往会成为其关注的重点之一，所以市场上收购少数股东权益的案例，大多都收购的是控股公司的控股子公司的少数股东权益，这一交易大多数情况下是不进行业绩承诺的。

五、一致行动人的关系认定

参与业绩补偿的对赌方往往在标的公司层面系一致行动关系，但其并不当然因在标的公司层面的一致行动关系或作为对赌方而在收购完成后在上市公司层面仍为一致行动关系，此时需结合实际情况对标的公司的股东之间的关系进行重新认定，并在上市公司层面做好相应的关联关系的认定。

六、配套融资安排

上市公司并购重组中，往往会同时考虑配套的融资安排。目前上市公司的主要融资途径包括债权融资、股权融资及并购基金等。

1. 债权融资包括银行借款及债券融资。在并购重组中，根据交易实际需求，上市公司或控股股东或其他交易方可考虑向银行拆借资金，用以完成整个并购交易，此种情况下的融资，需结合银行现行的并购贷款的政策和风险管理指引进行操作。如果采用债券融资的，则其需符合公开发行公司债券或非公开发行公司债券或其他债券的法律要求。

2. 股权融资是在并购重组中较为常见的一种融资方式。为保证标的公司收购后上市公司的业务整合或拓展，通常情况下上市公司发行股份购买资产的同时会配套采用非公开发行股票的方式募集资金。

3. 并购基金。如果公司计划进行产业链整合或收购不太成熟的标的资产时发起设立一只并购基金是不错的选择。这类方式在境内公司收购境外标的案例中使用也较频繁。例如，木林森购买和谐明芯及卓睿投资持有的明芯光电 100% 股权这个案例中就非常出色地借助了并购基金的力量。

七、收购过程中其他事项安排

在并购方案设计中，还需考虑其他事项，包括但不限于锁定期、员工安置方案及程序、过渡期损益约定等。

八、收购完成后标的公司的管控安排

在并购重组中，还需对标的公司收购完成后的实际管控进行约定，包括但不限于对标的公司的公章管理、财务审批权限、高管人员更换、内控制度等事项进行妥善的安排，并做好交接工作，避免出现标的公司明面上被上市公司控股，实际上上市公司却无法对其进行有效管控的情形发生。

九、上市公司反向尽调

上市公司反向尽调指的是标的公司对上市公司及其控股股东、实际控制人进行反向尽调。在很多并购重组中，因为上市公司相对比较合规且较为强势，所以往往把精力放在标的公司的尽调上。但是随着近年来上市公司的屡屡爆雷，上市公司自身经营不善或者控股股东资金占用、违规担保等事项层出不穷，侵害上市公司的利益或对上市公司股价影响的事项不断地发生，在做并购重组中，标的公司也应当重视对上市公司及其控股股东自身情况的尽调，避免交易完成后因上市公司的爆雷导致其实际获得的上市公司股票的价值大打折扣。

第二节　法律审核关注要点

监管机构在审核上市公司并购重组过程中，会重点关注交易价格公允性、盈利预测、持续经营能力等业务、财务问题，也会重点关注标的公司股权转让及权益变动、资产权属及经营资质、关联交易与同业竞争、债权债务处理、交易合同核心条款、内幕交易等法律问题。具体如下。

一、股权转让及权益变动

监管机构会关注标的公司历史股权变动情况，对于标的公司在重组前的增减资、股权转让等事项，需关注其历史股权变动的原因和必要性，并核查其作价依据及其合理性，其是否已经交易完毕、程序是否履行到位、是否存在潜在纠纷或相关法律风险是否已消除。对于标的公司的股东，通常情况下，监管机构还会

关注历史上标的公司是否存在非法募资的行为，对股东的适格性是否超过法定人数等事项进行审查。

此外，监管机构还会关注上市公司股份转让、权益安排的程序是否合法，是否已经取得有权机构的同意；是否违反特定主体的股份锁定规则或承诺；是否可能导致不正当的利益输送；是否可能导致控制权不稳定或因控制权恶性争夺致使公司陷入僵局；是否可能产生规避信息披露和要约义务等法定义务的效果；是否存在侵害上市公司和公众股东利益的其他情形；对于上述权益变动的风险，是否已充分披露并采取必要的应对措施。

二、资产权属及经营资质

监管机构会重点关注标的公司的资产是否已经取得相应的权证（土地、房产、商标、专利、采矿权等），标的资产的权属是否存在争议或限制（抵押、质押等情况），标的资产的完整性是否充分披露等。

针对没有取得权证的，在明确办理权证的计划安排和时间表的基础上，关注是否提供了相应层级土地、房屋管理部门出具的办理权证无障碍的证明，如果办理权证存在法律障碍或存在不能如期办毕的风险，是否提出相应切实可行的解决措施，并需就该等情形是否会对本次交易作假产生重大影响进行分析和判断。

针对权属争议或限制，标的资产权属存在抵押、质押等限制或相关权利人未放弃优先购买权等情形的，是否对相关消除权利限制状态或放弃优先购买权等办理进展情况及预计办毕期限进行了说明。标的资产涉及被行政处罚的，还需要披露处罚的具体事由、处罚进展或结果，分析其对上市公司的影响。

针对完整性，上市公司拟购买（或出售）的资产涉及完整经营实体的，需关注相关资产是否将整体注入（或置出）上市公司。涉及完整经营实体中部分资产注入上市公司的，关注重组完成后上市公司能否（如何）实际控制标的资产，相关资产在研发、采购、生产、销售和知识产权等方面能否保持必要的独立性。标的资产涉及使用他人商标、专利或专有技术的，关注是否已披露相关许可协议的主要内容，是否充分说明本次重组对上述许可协议效力的影响，该商标、专利及技术对上市公司持续经营影响。

此外，监管也还会关注经营资质是否取得、是否临近续期、是否存在重大续期风险等。

三、关联交易与同业竞争

1. 关联交易

针对关联交易,需关注本次交易本身是否构成关联交易。如果构成,需判断上市公司就该次关联交易在程序上是否已经履行完毕,且符合法律法规的要求,相关人员是否回避表决。

如果交易本身不涉及关联交易的,则需关注标的资产业务是否存在持续性的关联交易;是否充分披露关联交易定价依据,以及是否详细分析交易定价公允性;是否对照市场交易价格进行充分说明,对于关联交易定价与市场交易价格存在较大差异,或者不具有可比的市场价格的,需进行充分说明和解释,判断是否存在导致单方获利性交易或者导致显失公允的情形。特殊情况下涉及重组方将其产业链的中间业务注入上市公司,重组后的持续关联交易难以避免的,是否已考虑采取有效措施,督促上市公司建立对持续性关联交易的长效独立审议机制、细化信息披露内容和格式,并适当提高披露频率。

2. 同业竞争

需关注相关各方是否就解决现实的同业竞争及避免潜在同业竞争问题作出明确承诺和安排,包括但不限于解决同业竞争的具体措施、时限、进度与保障,是否对此进行了及时披露。重点关注解决同业竞争的时间进度安排是否妥当,采取特定措施的理由是否充分,具体措施是否详尽、具有可操作性。

相关各方为消除现实或潜在同业竞争采取的措施是否切实可行,通常关注具体措施是否包括(但不限于)限期将竞争性资产/股权注入上市公司、限期将竞争性业务转让给非关联第三方、在彻底解决同业竞争之前将竞争性业务托管给上市公司等;对于承诺和措施,重点关注其后续执行是否仍存在重大不确定性,可能导致损害上市公司和公众股东的利益;重点关注上市公司和公众股东在后续执行过程中是否具有主动权、优先权和主导性的决策权。

四、债权债务处理

在很多融资合同中通常会设置一些特殊条款,例如当标的公司的控制权发生变化的,需债权人事先同意,或者债权人有权提前宣布债务到期,或者要求标的公司追加担保等。基于此类情况,在并购重组中,需重点关注重大合同,尤其是融资合同条款的特殊约定,并履行相应的通知程序,根据条款的约定提前取得债权人的同意等。

五、交易合同核心条款

虽然交易合同的条款主要是基于交易双方谈判,但是监管机构在审核中也会对交易合同核心条款内容进行审查。监管机构会关注购买资产交易价格及定价依据、支付方式、发行股份数量及定价、发行股份锁定期、期间损益归属、滚存未分配利润的安排、业绩补偿条款(以及业绩激励)等进行审查。

六、借壳上市关注点

1. 上市公司历史沿革关注是否发生控制权变化

针对是否构成借壳上市,在审核中要关注上市以来是否发生控制权变化,若发生控制权变化,有可能出现虽然本次交易未发生控制权变化,购买资产总额也不超过上市公司前一年度对应指标100%,但累计计算后构成借壳上市的情形,因此需引起注意。

2. 关注构成借壳上市嫌疑情况

对于本次交易收购资产总额超过上市公司对应指标100%,且交易后注入资产股东交易完成后所持有股权比例接近上市公司实际控制人控制股权比例情形。需要关注的是:(1)注入资产股东之间是否存在一致行动关系;(2)是否采取足够措施保证上市公司控制权稳定。

七、内幕交易

监管机构会就本次交易是否涉及内幕交易要求中介机构进行核查。核查的时间窗口为董事会就本次重组方案首次决议前6个月至重大资产重组报告书公告之日止。核查对象为上市公司及其董事、监事、高级管理人员,交易对方及其董事、监事、高级管理人员(或主要负责人),相关专业机构及其他知悉本次重大资产交易内幕信息的法人和自然人,以及上述相关人员的直系亲属买卖(实际核查过程中含交易标的的董监高)。

第三节　并购重组相关违规案例

为了便于理解上市公司并购重组的规则和审核要点,下文结合一个市场案例进行展示:

子公司发行股份收购母公司案例(该案例为并购重组违规案例):上市公司

WH 化学吸收合并 WH 化工(控股股东)。

一、基本情况

WH 化学通过向控股股东 WH 化工的 5 名股东发行股份的方式对 WH 化工实施吸收合并。WH 化学为吸收合并方,WH 化工为被吸收合并方。本次交易完成后,WH 化学主体依旧存在,并将承继及承接 WH 化工的全部资产、负债、合同及其他一切权利与义务;WH 化工将注销法人资格,其持有的上市公司股份将被注销,股东将成为上市公司的股东。

本次交易标的资产为 WH 化工 100%股权。WH 化工系上市公司原控股股东 WH 实业存续分立后新设公司。WH 实业分立的审计、评估基准日为 2017 年 10 月 31 日,该次分立已经国有资产管理部门批准并实施完毕。根据《分立协议》,本次分立,WH 实业聚氨酯化工产品生产业务进入 WH 化工,其他业务保留在 WH 实业中。

二、业绩承诺及补偿安排

本次交易涉及采用基于未来收益法评估的业绩承诺资产包括 BC 公司 100%股权、BC 辰丰 100%股权、WH 宁波 25.5%股权和 WH 氯碱热电 8%股权。本次业绩承诺中上述四部分业绩承诺资产合计计算净利润数(包括实际净利润和承诺净利润)。

本次交易涉及的业绩承诺方、补偿义务主体为全部交易对方。根据中联评估出具的《资产评估报告》,业绩承诺资产的合计评估值为 1,960,328.90 万元,本次业绩承诺资产的交易作价即为 1,960,328.90 万元。

根据《吸收合并协议》,若本次吸收合并交易于 2018 年实施完毕,则本次吸收合并业绩承诺方对 WH 化学的业绩补偿期间为 2018 年、2019 年、2020 年;若本次吸收合并交易于 2019 年实施完毕,则本次吸收合并业绩承诺方对 WH 化学的业绩补偿期间为 2018 年、2019 年、2020 年、2021 年。

三、异议股东保护机制

1. 在本次重组中,WH 化学将向在 WH 化学股东大会表决本次吸收合并方案的相关议案和就关于合并双方签订合并协议的相关议案表决时均投出有效反对票,并且持续持有代表该反对权利的股票直至现金选择权股权登记日的异议股东派发现金选择权。取得现金选择权的异议股东在现金选择权申报期内可以进行申报行权。异议股东在股东大会股权登记日之后发生股票卖出行为(包括被司法强制扣划等)的,享有现金选择权的股份数量相应减少;异议股东发生股票买入行为的,享有现金选择权的股份数量不增加。若本次合并最终不能实施,异议股东不能行使该等现金选择权,异议股东不得就此向合并双方主张任何赔偿或补偿。

2. 获得现金选择权的异议股东在现金选择权申报期内有权以现金选择权价格将其持有的全部或部分有权行使现金选择权的股份申报现金选择权。对于WH化学异议股东持有的已经设定了质押、其他第三方权利、被司法冻结或法律法规限制转让的其他情形的股份,未经合法程序取得质权人、第三方或有权机关相关的书面同意或批准,不得行使现金选择权。如果在定价基准日至现金选择权实施日期间发生除权、除息的事项,则现金选择权价格将作相应调整。

3. WH化学将在本次合并获得中国证监会核准后另行公告异议股东现金选择权方案的实施细则(包括但不限于申报方式、申报期等)。

4. 在《吸收合并协议》生效后,现金选择权提供方应当于现金选择权实施日受让成功申报行使现金选择权的异议股东所持有的WH化学股份,并按照现金选择权价格向异议股东支付相应的现金对价。

5. 因行使现金选择权而产生的相关税费,由行使现金选择权的股东、现金选择权提供方等主体按照有关法律、法规、监管部门、证券登记结算机构的规定承担,如果法律、法规、监管部门、证券登记结算机构对此没有明确规定,则各方将参照市场惯例协商解决。

四、主要审核程序及信息披露节点

主要审核程序及信息披露节点如下:

T:吸收合并标的公司暨关联交易预案披露;董事会(一董)决议、独董事前认可意见。

T+10:上交所问询函。

T+20:交易所问询函回复、预案修订。

T+50:吸收标的公司暨关联交易报告书(草案)等文件公告;收到省国资委关于重大资产重组及非公开发行股份有关问题的批复;董事会(二董)决议。

T+65:股东大会决议。

T+70:通知债权人公告。

T+75:中国证监会反馈。

T+90：中国证监会反馈回复；吸收合并标的公司暨关联交易报告书（修订稿）等文件修订并公告；董事会决议。

T+95：中国证监会核准批复。

T+120：吸收合并标的公司暨关联交易报告书（修订稿）等文件公告。

T+127：上市公司本次交易异议股东现金选择权申报公告。

T+134：异议股东现金选择权申报结果公告。

T+141：关于上市公司因实施整体上市承接控股股东相关债务的董事会决议及独董事前认可意见。

T+148：国家市场监督管理总局核发《经营者集中反垄断审查不予禁止决定书》。

T+180：关于上市公司因实施整体上市承接控股股东相关债务的议案的股东大会决议。

五、结果

1. 本次交易标的WH化工旗下拥有盈利的子公司，本次交易不仅不会摊薄上市公司的收益，而且提升了上市公司整体价值，公司的业务结构和盈利能力得到了改善和增强。

2. 本次并购重组完成后，上市公司的整体盈利能力增强，中小股东可得到的实际收益具有一定的现实意义。

3. 全球第八大MDI生产商匈牙利BC公司是化工行业具有核心技术及创新能力的公司，拥有全球领先的技术和可持续的稳定盈利能力。本次交易标的公司WH化工间接控股的BC公司，因此WH化学通过本次并购重组实现了对BC公司的间接控股，使行业内的资源集中，促进了上市公司在化工行业核心技术的创新与发展。

4. 本次并购重组增强投资者的投资信心。WH化学本次并购重组使其成为化工领域的寡头企业，对产能扩建和产品定价都具有一定的话语权。同时，本次并购重组完成后，上市公司WH化学可整合所在化工园区内资源，为公司节约成本，不断带来成本优势。

第三篇

责任探究

证券市场是一个国家经济发展的重要组成部分，也是经济发展的重要推动力量，在现代经济生活中扮演着越来越重要的角色。它为企业提供了融资渠道，为投资者提供了投资机会。不过，因证券市场的开放性和复杂性以及市场参与者的多样性，随着证券市场的快速发展，一些违法行为也逐渐暴露出来。从欺诈发行到证券虚假陈述，从内幕交易到操纵市场，证券市场的违法行为层出不穷，不仅损害了市场的公平、公正和透明，损害了投资者的合法权益，也影响了投资者的信心。

2019 年修订的新《证券法》对于证券违法行为的法律责任有了更为严厉的规定和表现。例如，针对欺诈发行行为，罚款额度从原来的最高可处募集资金 5%提高到募集资金的 1 倍。对于上市公司信息披露违法行为的罚款，从原来最高可处以 60 万元提高至 1000 万元。此外，对于发行人的控股股东、实际控制人组织、指使从事虚假陈述行为，或者隐瞒相关事项导致虚假陈述的，规定最高可处以 1000 万元罚款。除了行政处罚，新《证券法》还对证券违法民事赔偿责任进行了完善。例如，对于发行人等不履行公开承诺的情况，明确了其应承担的民事赔偿责任。同时，对于发行人的控股股东、实际控制人在欺诈发行、信息披露违法中的过错推定、连带赔偿责任也作出了明确规定。新《证券法》还特别强调了对中介机构的监管。存在证券违法行为的中介机构及其从业人员将依法受到严肃追究，对于参与、协助财务造假等违法行为将从重处罚。此外，为了压实中介机构的法律职责，新《证券法》加大了对中介机构违法的处罚力度，提高了违法成本，以确保中介机构能够勤勉尽责，更好地保护证券投资者的权益。

鉴于上述情况，本章笔者将详细分析各种常见的证券市场违法行为以及其所对应的法律后果，将从民事责任、行政责任和刑事责任三个方面来讨论证券市场违法行为的法律责任。具体而言，民事责任主要包括赔偿损失、恢复原状等；行政责任主要包括罚款、撤销资格等；刑事责任包括刑罚处罚和刑事附带民事赔偿等。

同样，在探讨法律责任的过程中，笔者亦会结合具体的案例进行分析，以便更直观地展示各种法律责任的适用条件和实施效果。

笔者希望通过本篇能够深化证券市场参与主体对证券市场违法行为及其法律责任的认知和理解，从而使证券市场各参与主体在公司日常经营管理以及证券业务活动中严格遵守法律法规，避免触及法律红线；在出现证券违法行为后，应及时借助专业的法律服务机构，来寻求专业的救济途径。

第一章　证券市场常见违法违规行为与法律责任后果

第一节　证券市场常见违法违规行为

一、中国证监会证监稽查典型违法违规行为

根据中国证监会发布的2021年案件办理情况，中国证监会全年共办理案件609起（重大案件163起，涉及财务造假、资金占用、以市值管理名义操纵市场、恶性内幕交易及中介机构未勤勉尽责等典型违法行为），向公安机关移送涉嫌犯罪案件（线索）177起。其中2021年办理虚假陈述案件163起（其中财务造假75起）、操纵市场案件110起、内幕交易201起，分别占中国证监会全年办理案件的26.77%、18.06%、33.00%。上述类型违法案件共占中国证监会全年办理案件的77.83%。

根据中国证监会发布的2022年案件办理情况，中国证监会全年办理案件603件，向公安机关移送涉嫌犯罪案件和通报线索123件。其中全年办理信息披露违法案件203件（信息披露违法案件中涉及财务造假94件，占比46%）、内幕交易案件170件、操纵市场案件78件、办理资金占用与违规担保案件64件，分别占中国证监会全年办理案件的33.7%、28.2%、12.9%和10.6%。上述类型违法案件共占中国证监会全年办理案件的85.4%。

另外，在中国证监会发布的最近三年（2020~2022年）共计60起证监稽查典型违法案例中，其中财务造假与信息披露违法违规案件29起、操纵市场案件8起、内幕交易案件6起，

分别占典型违法案例的 48.3%、13.3%、10%，共占中国证监会证监稽查典型违法案例的 71.6%。

二、证券交易所纪律处分典型违法违规行为

从上交所与深交所发布的 2022 年纪律处分情况来看：

1. 上交所的纪律处分情况

上交所全年共发出纪律处分决定 186 份，同比增加 21%，发出书面警示决定 189 份，同比增加 17%，发出口头警示 322 次；涉及上市公司 224 家、控股股东和实际控制人 103 人次、董监高人员 898 人、一般股东 81 人次。

从违规类型分布看，上交所 2022 年聚焦财务造假、违规担保、定期报告披露中的董监高履职、退市公司违规行为和中介机构履职情况等领域。其中，针对财务造假，上交所共作出公开谴责 6 单，公开认定不适合担任相关职务 14 人；针对资金占用、违规担保，共作出公开谴责 22 单，公开认定不适合担任相关职务 14 人，通报批评 15 单，监管警示 14 单；针对定期报告"不保真"中董监高履职情况，全年共处理 12 单；在 2022 年被强制退市的 18 家公司中，涉及财务造假 2 家、资金占用 3 家、违规担保 3 家。

2. 深交所的纪律处分情况

深交所全年共针对各类违规主体作出纪律处分决定书 265 份，同比增长约 17%。处分证券发行人 143 家次、其他责任人员 908 人次，同比增长约 7%。上市公司监管方面，共作出 256 份纪律处分决定，同比增长近 27%，创近五年新高。处分上市公司 137 家，责任人员 895 人次。发行审核监管方面，共作出 6 份纪律处分决定，处分发行人 3 家、控股股东等责任人员 2 人次。债券监管方面，共作出 3 份纪律处分决定，处分债券发行人 3 家，责任人员 7 人次。

从违规类型分布看，全年共处分信息披露违规 137 次、规范运作违规 129 次、证券交易违规 68 次。其中，信息披露违规和规范运作违规分别占比约 39%、37%，最为高发。信息披露违规方面，具体包括财务造假、重大事项信息披露违规、业绩预告披露违规等。规范运作违规方面，主要是资金占用、违规担保、业绩承诺违规等。

三、投资者权益损害与索赔典型违法违规行为

从投资者索赔案件来看，上市财务造假、隐瞒关联方资金占用、隐瞒重大担保、发布误导性利好消息、重大资产重组文件虚假等是引发投资者索赔常见的具

体诱发原因。在中国证监会与上海金融法院于2023年5月分别发布的投资者权益保护十大典型案例中，分别有4起案件为证券虚假陈述（在披露的信息中存在虚假记载、误导性陈述或者重大遗漏）责任案件，证券虚假陈述责任案件占投资者权益保护典型案件的40%。

可见，信息披露违法（主要表现为财务造假与信息披露违规）、内幕交易、操纵市场、资金占用与违规担保是证券市场常见违法违规行为。为此，中共中央办公厅、国务院办公厅于2021年7月印发《关于依法从严打击证券违法活动的意见》。该意见指出依法从严从快从重查处欺诈发行、虚假陈述、操纵市场、内幕交易、利用未公开信息交易以及编造、传播虚假信息等重大违法案件；对资金占用、违规担保等严重侵害上市公司利益的行为，要依法严肃清查追偿，限期整改。

第二节　法律责任后果

一、以证券市场常见违法违规行为的规制为例

《公司法》第21条、第22条、第23条、第191条等规定了公司控股股东、实际控制人及公司董事、监事、高级管理人员在履行职责的过程中对公司或其他人员造成损失的，应承担相关赔偿责任。

《证券法》第53条、第54条、第55条、第56条、第84条、第85条分别规定了内幕交易、操纵市场、证券虚假陈述等违法行为中上市公司及直接负责的主管人员和其他直接责任人员应承担的民事赔偿责任。

《上市公司监管指引第8号——上市公司资金往来、对外担保的监管要求》（证监会公告〔2022〕26号）明确规定，上市公司应防范控股股东、实际控制人及其他关联方的资金占用，严格控制对外担保产生的债务风险，依法履行关联交易和对外担保的审议程序和信息披露义务。控股股东、实际控制人及其他关联方不得以任何方式侵占上市公司利益。违反上述规定的，中国证监会根据违规行为性质、情节轻重依法给予行政处罚或者采取行政监管措施。涉嫌犯罪的移交公安机关查处，依法追究刑事责任。

针对信息披露违法、内幕交易、操纵市场、资金占用与违规担保等违法行为，《刑法》第160条、第161条、第162条、第169条、第180条、第181条还规定了诸如欺诈发行证券罪、违规披露、不披露重要信息罪、隐匿、故意销毁会计凭证、会计账簿、财务会计报告罪、背信损害上市公司利益罪、内幕交易、泄露内幕信息

罪、利用未公开信息交易罪、编造并传播证券、期货交易虚假信息罪、操纵证券、期货市场罪等刑事责任。

此外,证券交易所相关股票上市规则中还规定了上市公司存在欺诈发行、重大信息披露违法或者其他严重损害证券市场秩序的重大违法行为的,其股票应当被终止上市的情形。

二、典型司法与行政处罚相关案例

我们可以从若干典型司法与行政处罚案例中直观地看到违反证券监管相关法律法规及相关规范性文件可能产生的法律责任。

1. 上海金融法院审理的 X 某操纵证券市场民事侵权案[①]

X 某因操纵某金融信息服务(上海)股份有限公司股票交易价格和交易量,先后受到行政处罚和刑事定罪。2017 年 3 月 30 日,中国证监会作出〔2017〕29 号《行政处罚书》,认定了鲜某于 2014 年 1 月 17 日至 2015 年 6 月 12 日,通过采用集中资金优势、持股优势、信息优势连续买卖,在自己实际控制的账户之间交易、虚假申报等方式实施操纵证券市场违法行为,责令依法处理非法持有的证券,没收违法所得 5.78 亿元,并处以 28.9 亿元罚款。2020 年 12 月 21 日,上海市高级人民法院作出生效刑事判决,认定鲜某利用信息优势操纵公司的股票价格和交易量,构成操纵证券市场罪,处以有期徒刑 3 年 4 个月,罚金 1000 万元并追缴违法所得。

上海金融法院于 2022 年 9 月 29 日作出(2021)沪 74 民初 2599 号民事判决,判决 X 某赔偿原告 13 名投资者合计 470 万余元。判决同时明确,若鲜某的财产不足以履行民事判决所确定的赔偿责任,则可以执行已依法保全的刑事案件罚没款,最大限度实现中小投资者权利救济。判决后,双方当事人均未提出上诉。

上海金融法院认为,X 某采用了连续买卖、洗售或对倒交易[②]、虚假申报和利用信息优势操纵四种操纵手法,同时 X 某控制该公司信息披露的节奏与内容,构成证券虚假陈述。

该案具有非常典型的意义。从违法行为上看,该案的违法行为较为常见,在法律性质上属于操纵市场与证券虚假陈述的竞合,而从法律责任上看,则实现了行政、刑事、民事三位一体立体追责。同时,本案还成功实践了《证券法》有关民

---

① 上海金融法院 2022 年度典型案例。

② 即在自己实际控制的账户之间进行证券交易,影响证券交易价格或者证券交易量。

事赔偿优先的规定,是全国首例落实民事赔偿责任优先的证券侵权案件。

2. Y 某泄露内幕信息案①

本案是一起上市公司实际控制人泄露内幕信息的典型案例。2020 年 7 月,YB 市 XZ 区政府拟与北京某科技股份有限公司建立战略投资合作关系。该公司实际控制人参与了双方《合作框架协议》商谈、形成、签订的整个过程,为本案内幕信息所涉事项主导人、决策人。Y 某将相关信息泄露给朋友,导致他人内幕交易该公司股票。

最终,新疆证监局对 Y 某处以 50 万元罚款。

3. 某医药股份有限公司未按规定披露资金占用行政处罚案②

2022 年 12 月,江苏证监局对该生物医药股份有限公司下发《行政处罚决定书》,就未按规定披露资金占用行为(资金占用金额 1700 万元),依法对 HOB 公司及实控人等罚款合计 360 万元,占到违规占用金额的 21%,同时督促实控人及时归还占用资金。

上市公司发生资金占用事项通常涉及违规信息披露,除应及时完成整改外,根据《证券法》第 197 条的规定,如果信息披露义务人未按照规定报送有关报告或者履行信息披露义务的,还应承担相应法律责任。此外,根据《刑法》第 183 条的规定,如果利用职务上的便利将公司财物非法占为己有且数额较大(人民币 6 万元以上)的,还可能构成职务侵占罪。

可见,在上市公司的经营管理与证券业务活动中如果从事违法行为的,可能承担的法律责任不但包括民事责任,还包括行政责任与刑事责任;承担法律责任的主体既可能是上市公司,也可能是直接负责的主管人员和其他直接责任人员,比如上市公司的控股股东、实际控制人、董事、监事和高级管理人员等。

---

① 参见中国证监会:《2022 年证监稽查 20 起典型违法案例》,载中国证券监督管理委员会网站 2023 年 3 月 24 日,http://www.csrc.gov.cn/csrc/c100028/c7397653/content.shtml。

② 中国证监会投资者保护典型案例(2023 年 5 月 15 日发布)。

第二章　证券违法行为的法律责任类型及其认定

上市公司作为资本市场的重要组成部分，其证券业务活动对于整个资本市场的稳定和健康发展具有重要的作用。如前文所述，在上市公司的证券业务活动中，证券违法行为可能会涉及民事责任、行政责任和刑事责任。

第一节　民事责任

民事责任是指民事主体在民事活动中，违反民事法律规范所应当承担的法律责任，证券违法行为的民事责任通常体现为民事赔偿、恢复原状等。上市公司作为信息披露的主要渠道之一，必须按照法律法规的要求及时披露相关信息。如果公司或其相关人员隐瞒或误导投资者，导致投资者损失，那么公司及其相关人员就有可能承担民事赔偿责任。例如，最高人民法院《关于审理证券市场虚假陈述侵权民事赔偿案件的若干规定》规定，信息披露义务人违反法律、行政法规、监管部门制定的规章和规范性文件关于信息披露的规定，在披露的信息中存在虚假记载、误导性陈述或者重大遗漏的，人民法院应当认定为虚假陈述。信息披露义务人“未按照规定披露信息”构成虚假陈述的，依照该规定承担民事责任；构成内幕交易的，依照《证券法》第 53 条的规定承担民事责任；构成《公司法》第 152 条规定的损害股东利益行为的，依照该法承担民事责任。信息披露义务人在证券交易市场承担民事赔偿责任的范围，以原告因虚假陈述而实际发生的损失为限。

例如彭某诉某股份有限公司等证券虚假陈述责任纠纷案。2016 年 12 月 24 日,该公司发布《关于收到中国证券监督管理委员会调查通知书暨风险提示公告》,载明因公司涉嫌违反证券法律法规,证监会决定对公司进行立案调查。2019 年 5 月 31 日,该公司发布关于收到证监会行政处罚决定书的公告。证监会认定该公司在其 2014 年 6 月 21 日发布关联交易报告书中所披露的置入资产评估值及 2013 年度营业收入存在严重虚增,构成证券市场虚假陈述。同时受到处罚的还有本案其余各方被告。

上海金融法院一审判决:(1)该公司向原告彭某支付投资差额损失人民币 259,718.28 元及相应佣金、利息损失;(2)某有限公司、深圳市某投资有限公司、涂某对该公司上述第一项付款义务承担连带责任;(3)黄某、邱某、朱某对该公司上述第一项付款义务在 2%的范围内承担连带责任;(4)某资产评估有限公司对该公司上述第一项付款义务在 25%的范围内承担连带责任(就该项责任,某资产评估有限公司与案外人某证券股份有限公司负有连带责任)。

判决后,该公司不服向上海市高级人民法院提起上诉。6 名董事均未上诉。上海市高级人民法院二审驳回上诉,维持原判。

第二节　行政责任

根据统计,仅 2022 年第一季度就有 22 家上市公司被卷入证监会的行政处罚案件。从受处罚主体来看,一共有 10 家上市公司、49 名高管、37 名董事、10 名监事、12 名实际控制人成为被处罚对象。从处罚原因来看,信息披露违法违规和内幕交易或泄露内幕信息两类案件各占四成左右,为最主要的行政处罚事由。①

一、行政责任的种类

行政责任是指个人或者单位违反行政管理方面的法律规定所应当承担的法律责任。证券违法的行政责任既包括证监会(局)根据有关法律法规的规定对违法行为人实施的行政处罚和非行政处罚性监管措施,也包括证券交易所根据相关自律规则等规范性文件对违规行为人实施的自律监管措施和纪律处分。具体而言包括以下方面。

① 《2022 年一季度中国 A 股上市公司刑事行政法律风险观察报告》。

1. 证监会的行政处罚

证监会的行政处罚包括警告、通报批评、罚款、没收违法所得、没收非法财物、限制从业、行政拘留等。

2. 非行政处罚性监管措施

非行政处罚性监管措施包括责令改正、监管谈话、出具警示函、将其违法违规、不履行公开承诺等情况记入诚信档案并公布、认定为不适当人选等。

3. 证券交易所的自律监管措施

证券交易所的自律监管措施包括口头警示、书面警示、约见谈话、要求中介机构或者要求聘请中介机构核查并发表意见、要求限期改正、要求公开更正、澄清或说明、要求公开致歉、要求限期召开投资者说明会、要求上市公司董事会追偿损失,以及对未按要求改正的证券发行人相关证券实施停牌、建议更换相关任职人员、暂停受理或者办理相关业务、暂停适用信息披露直通车业务、限制交易、向相关主管部门出具监管建议函等。

4. 证券交易所的纪律处分

证券交易所的纪律处分包括通报批评、公开谴责、公开认定不适合担任相关职务、建议法院更换上市公司破产管理人或者管理人成员、暂不接受发行人、上市申请人提交的发行上市申请文件、暂不接受控股股东、实际控制人及其控制的其他发行人提交的发行上市申请文件、暂不受理专业机构或者其从业人员出具的相关业务文件,以及收取惩罚性违约金暂停或者限制交易权限、取消交易权限、取消会员或者其他交易参与人资格、报请中国证监会认定会员董事、监事、高级管理人员为不适当人选等。

总体而言,在上市公司的证券业务活动中,行政责任的表现情形主要包括违反证券法规的责任、违反信息披露法规的责任、违反证券交易所规则的责任。受到行政处罚的常见情形包括信息披露违法违规、内幕交易、操纵证券市场、短线交易、违规担保、资金占用,等等。

二、典型案例

某公司披露违法违规案(证监会行政处罚决定书〔2022〕57号)是一起上市公司实际控制人指使造假的典型案例。2016年至2019年,郑州某股份有限公司实际控制人策划、指使公司通过虚构销售交易及股权转让交易等方式累计虚增利润1.5亿元,通过虚构采购业务等方式虚增资产18.56亿元。对此,中国证监会对有关责任主体作出如下行政处罚:

责令郑州某股份有限公司改正，给予警告，并处以500万元的罚款；对郭某某（董事长）给予警告，并处以1500万元罚款，其中作为直接负责的主管人员罚款500万元，作为实际控制人罚款1000万元；对刘某某（总经理）给予警告，并处以300万元罚款；对刘某某（财务总监）给予警告，并处以220万元罚款；对李某某（副总经理）、张某（监事会主席）给予警告，并分别处以160万元罚款；对张某某（副总经理）、赵某（副总经理）给予警告，并分别处以120万元罚款；对李某某（监事）、刘某某（监事）给予警告，并分别处以50万元罚款；对张某某（财务总监）、杨某某（董事）、张某（董秘）给予警告，并分别处以30万元罚款。

第三节　刑事责任

刑事责任是指违法行为人触犯刑法并基于其实施的犯罪行为而承担的法律责任，包括主刑和附加刑。主刑包括管制、拘役、有期徒刑、无期徒刑、死刑；附加刑包括罚金、没收财产、剥夺政治权利。

综观我国目前的刑事立法，证券领域涉及《刑法》的条款主要包括：（1）《刑法》第161条之违规披露、不披露重要信息罪；（2）《刑法》第182条之操纵证券、期货市场罪；（3）《刑法》第180条之内幕交易、泄露内幕信息罪及利用未公开信息交易罪；（4）《刑法》第169条之一之背信损害上市公司利益罪；（5）《刑法》第179条之擅自发行股票、公司、企业债券罪；（6）《刑法》第160条之欺诈发行证券罪；（7）《刑法》第185条之一之背信运用受托财产罪；（8）《刑法》第181条之编造并传播证券、期货交易虚假信息罪及诱骗投资者买卖证券、期货合约罪；（9）《刑法》第229条之提供虚假证明文件罪、提供虚假证明文件罪及出具证明文件重大失实罪。据统计，涉及信息披露罪、操纵证券期货市场罪、内幕交易罪、背信损害上市公司利益罪是实务中最为多发的四类罪名[①]。

一、引发刑事责任的常见违法情形

1. 背信型犯罪的刑事责任

我国《公司法》通过第180条规定董事、监事、高级管理人员的“忠实义务”和“勤勉义务”，要求“董事、监事、高级管理人员应当采取措施避免自身利益与公司利益冲突，不得利用职权牟取不正当利益”并且“执行职务应当为公司的最

① 参见韩旸、常康爽：《证券合规研究（一）丨概述：证券监管全方位升级，上市公司如何“有效合规”》，载微信公众号“金杜研究院”，https://mp.weixin.qq.com/s/oM3Qft81qUNaXbh_8xNO8A。

大利益尽到管理者通常应有的合理注意”。与这一规则相衔接的是《刑法》第169条之一的“背信损害上市公司利益罪”。根据此条,上市公司的董事、监事、高级管理人员若有违对上市公司的忠实义务,利用职务之便操纵公司从事某些不合商业逻辑而有损公司利益的行为,将会受到刑事处罚。并且,上市公司的控股股东或实控人若被认定存在指使的事实,也将受到同样的刑罚。

2. 内幕交易型犯罪的刑事责任

《刑法》第180条规定了内幕交易、泄露内幕信息罪,而2012年的《关于办理内幕交易、泄露内幕信息刑事案件具体应用法律若干问题的解释》则对相关责任主体予以了明确。2019年修订的《证券法》扩大了内幕交易信息知情人的概念外延,并明确了内幕信息的范围。因此,本罪的认定需要考察主体是否属于证券、期货交易内幕信息的知情人员或非法获取证券、期货交易内幕信息的人员,客体是否可能影响股价的内幕信息。

3. 操纵证券市场型犯罪的刑事责任

如果交易主体存在滥用优势,不当控制市场,就可能面临日益严格的监管的处罚。本罪的相关规定主要见于《证券法》第55条、《刑法》第182条以及《关于办理操纵证券、期货市场刑事案件适用法律若干问题的解释》,类型众多。

4. 不法信息披露型犯罪的刑事责任

《刑法》第181条规定了“编造并传播证券、期货交易虚假信息罪”;第161条规定了“违规披露、不披露重要信息罪”。因此,上市公司的信息披露不仅要真实可靠,不容造假,同时也要及时有效,合乎规定。而2019年《证券法》专章规定了信息披露制度,在前置性法规层面丰富了相关规定。并且,相对于原《证券法》,现行有效的《证券法》第56条不仅扩大了主体范围,即“任何单位和个人”都不得为此行为,而且增加了“误导性信息”的要件。此外,若从对信息披露的要求着眼,则以“发行文件中隐瞒重要事实或者编造重大虚假内容”为要件之一的《刑法》第160条欺诈发行证券罪也可以在这一类型中得到理解。

总而言之,围绕上市公司证券活动的不同方面,我国现行《刑法》设置了众多刑事罪名。并且,根据2022年最新发布的最高人民检察院、公安部《关于公安机关管辖的刑事案件立案追诉标准的规定(二)》(以下简称《立案追诉标准(二)》),部分证券犯罪的入罪门槛发生了较大幅度的降低。在JYKJ案中,公司2008年营业收入的造假幅度达到了87.06%。然而,根据《立案追诉标准(二)》的最新规定,虚增或者虚减营业收入达到当期营业收入总额30%以上的即应予立案追诉。因此,上市公司应对证券活动中可能涉及的刑事责任高度关注,避免触犯刑法,从而对上市公司及有关个人产生不利影响。

二、上市公司在证券业务活动中应对刑事责任的措施及建议

面对严峻的刑事责任风险,上市公司一方面应当防患于未然,通过完善公司制度、加强人员培训来规避可能发生的风险;另一方面应当熟悉最新的政策法规动态,在刑事风险出现时,寻求专业机构协助应对。

1. 事前预防

上市公司要防控刑事风险,离不开有力的合规部门。而一个有力的合规部门从零到一的建立,应注意做好以下三个方面工作:其一,为合规部门在公司各部门中明确合理的位置;其二,从公司业务出发搭建合规部门;其三,明确有效合规所需落实的工作。

从合规部门的架构设置角度来看,重点在于既要在公司的高层获得足够的权限,又要在公司的基层有深入的触角。建议上市公司设置独立的合规部门,并由企业的高层担任其领导职务,确保合规部门具备足够的权限。同时,合规部门下属的合规专员应针对企业的具体职能部门平行设置,确保合规部门能够深入监督、调查企业日常运营中的合规风险。

从合规部门的初步搭建角度来看,要点可以分为三个步骤:(1)明确公司在做什么;(2)明确法律法规对上述公司活动的要求;(3)根据法律法规要求与公司实际活动的差距识别风险制定规则。首先,合规部门应熟悉企业的内部架构和业务流程,即明白企业有哪些经营行为。其次,明确企业的合规义务,即将企业经营行为涉及哪些法律法规的何种要求清单化。再次,根据企业合规义务清单,对照企业现实的经营行为和方式,合规部门可以逐一识别、评估个中合规风险。这一评估的环节不仅需要企业高层的参与和支持,还需要业务部门的积极配合,如果面对的问题较为复杂,还可能需要聘请第三方专业机构加以协助。最后,根据上述工作,合规部门应制定具体的合规制度和指引。

从合规部门的有效执行角度来看,重点在于制定、落实预防机制、识别机制以及应对机制。简单来说,预防机制要求企业的合规制度完善、切实,合规机构运转正常、有效,同时对员工的合规培训和合规文化建设也能够日常化开展。识别机制要求合规部门能够识别、评估风险,并能够处置风险。应对机制要求合规部门能够开展深入的内部调查,并能根据调查结果进行有效的问责和惩戒,并不断改进公司的合规建设。①

① 参见李玉华:《有效刑事合规的基本标准》,载《中国刑事法杂志》2021年第1期。

2. 事中应对与事后预防

(1) 及时信息披露

根据《证券法》和《上市公司信息披露管理办法》的相关规定，上市公司或者其控股股东、实际控制人、董事、监事、高级管理人员受到刑事处罚，涉嫌违法违规被中国证监会立案调查或者受到中国证监会行政处罚，或者受到其他有权机关重大行政处罚，应当立即披露，说明事件的起因、目前的状态和可能产生的影响。未按照规定报送有关报告或者未履行信息披露义务的将可能承担民事责任、行政责任。此外，根据我国《刑法》第 161 条的规定，不按照规定披露，严重损害股东或者其他人利益，或者有其他严重情节的，将可能构成违规披露、不披露重要信息罪。构成违规披露、不披露重要信息罪的，对公司直接负责的主管人员和其他直接责任人员，处 5 年以下有期徒刑或者拘役，并处或者单处罚金；情节特别严重的，处 5 年以上 10 年以下有期徒刑，并处罚金；控股股东、实际控制人是单位的，对单位判处罚金，并对其直接负责的主管人员和其他直接责任人员依照前述规定进行处罚。

例如，安徽省淮南市潘集区人民法院于 2015 年 11 月 30 日作出的(2015)潘刑初字第 00251 号刑事判决书，认定浙江某影视股份有限公司犯单位行贿罪。2016 年 12 月 16 日，该公司因其公告未及时披露公司所犯的单位行贿罪和子公司刑事诉讼事项，被浙江证监局给予警示并计入证券期货诚信档案。

(2) 主动配合调查并利用调查期间采取积极措施尽可能减轻刑事责任

虽然我国刑事诉讼法没有将行政调查程序规定为证券类犯罪的前置程序，但在实践中，对于操纵证券市场、内幕交易、泄露内幕信息等常见证券市场违法犯罪活动的查处机制主要还是行刑衔接的模式，即先由证监会行政立案调查，认为涉嫌犯罪的移送公安机关，公安机关再对符合立案条件的案件决定立案侦查，实操中也会有公安机关提前介入行政调查的安排。

对于上市公司而言，证监会的行政处罚阶段将是一个降低刑事风险、减轻刑事责任的黄金期。通过行政处罚阶段的听证程序、行政诉讼程序，一方面有将风险化解在行政调查阶段的可能，另一方面，上市公司可以全面知悉行政部门掌握了哪些证据，而这些证据，大概率会成为案件进入刑事司法程序后的主要证据。根据这些证据并结合相关的法律、司法解释、判例，上市公司能够借助刑事专业律师的分析判断基本确定自身行为是否符合构罪标准，从而提前启动应对机制，并通过主动配合调查、积极退赔等合法措施减轻刑事责任。

（3）借助专业合规律师团队应对刑事调查

刑事法律风险种类繁多、各具特点、因果关系复杂，既涉及证券法律法规，也涉及资本运作，还涉及刑事合规与刑事辩护，即便上市公司制定了完备的制度和预案，一旦真正涉刑，将出现无法应对的局面。因此，上市公司需聘请对上市公司犯罪类问题有着丰富实践经验的律师团队进行及时介入和应对，且聘请的律师事务所及律师团队既应包括熟知证券市场法律法规及资本运作的证券业务团队，还应包括对该等类型刑事案件具有丰富经验的刑事合规团队与刑事辩护团队，团队之间需紧密无间地进行协作，将可能的刑事责任降到最低。

总之，上市公司在面临刑事法律风险时，应善于借助该类专业人士的力量，委托证券/刑事合规律师依法与办案机关进行沟通、提出申辩等。

（4）争取利用“合规不起诉”制度

2021 年 6 月，最高人民检察院等部门联合发布《关于建立涉案企业合规第三方监督评估机制的指导意见（试行）》，全国检察机关开始涉案企业合规改革试点。在企业合规改革试点中，对于符合条件的案件，在涉案企业经涉案企业合规第三方监督评估机制完成对企业的合规评估并符合合规要求后，可以作出不起诉决定或从宽提出量刑建议。合规第三方评估监督评估机构包括律师、注册会计师、税务师（注册税务师）等。

2022 年 1 月，最高人民检察院等部门联合发布《〈关于建立涉案企业合规第三方监督评估机制的指导意见（试行）〉实施细则》，规定人民检察院在办理涉企犯罪案件时，应当注意审查是否符合企业合规试点以及第三方机制的适用条件，并及时听取涉案企业、人员的意见。经审查认为符合适用条件的，应当商请本地区第三方机制管委会启动第三方机制。

据报道，自 2020 年试点至 2023 年 3 月，已经有 1498 家企业应程序要求整改合格，3051 人被依法不起诉。此外，最高人民检察院还不定期发布《涉案企业合规典型案例》。

大体来说，检察机关对涉案企业的考察分为五个层面，分别为考察合规意愿、考察合规计划、与企业签署合规监管协议、委托外部合规监管人进行监管、考察合规评估报告及合规自查报告。在此过程中，律师根据《关于开展企业合规改革试点工作方案》和《关于建立涉案企业合规第三方监督评估机制的指导意见（试行）》等的规定协助涉案企业进行合规整改，对涉案企业进行企业合规评估，对涉案企业进行合规培训，为涉案企业搭建合规保障体系。

①涉案企业合规整改

涉案企业合规整改适用的犯罪案件主要包括公司、企业等市场主体在生产经营活动中涉及的经济犯罪、职务犯罪等案件，既包括公司、企业等实施的单位犯罪案件，也包括公司、企业实际控制人、经营管理人员、关键技术人员等实施的与生产经营活动密切相关的犯罪案件。

律师在审查涉案企业是否符合企业合规试点以及第三方机制的适用条件的同时，及时征询涉案企业、个人的意见，以适当的方式向检察机关提出适用企业合规试点以及第三方机制申请。律师还帮助企业制订合规计划，帮助涉案企业通过第三方组织审查。制订合规计划主要围绕与企业涉嫌犯罪有密切联系的企业内部治理结构、规章制度、人员管理等方面存在的问题，制定可行的合规管理规范，构建有效的合规组织体系，健全合规风险防范报告机制，弥补企业制度建设和监督管理漏洞，防止再次发生相同或者类似的违法犯罪。

②涉案企业合规评估

企业合规评估目前主要包括企业自身开展的合规评估和检察机关组织的涉案企业合规第三方监督评估。

企业自身开展的合规评估，律师可对企业某一段时期的合规情况进行评估并形成合规评估报告，将合规业务运行过程中各个部门的实施情况、出现的合规风险和违规行为向组织体系中的最高管理层报告，以便企业自上而下对相关问题进行整改。

同时，律师也可参加第三方组织，在涉案企业合规第三方监督评估方面，依据《关于建立涉案企业合规第三方监督评估机制的指导意见（试行）》，对符合企业合规改革试点适用条件的，由第三方监督评估机制管理委员会选任组成的第三方组织，对涉案企业的合规承诺进行调查、评估、监督和考察。律师可以申请加入专业人员名录库，被抽取成为第三方组织成员，对涉案企业进行监督评估。

③企业合规培训

企业合规培训是企业对员工开展的一项教育活动，使员工了解适用于其工作职责、所处行业的法律法规以及公司内部规章制度。培训的对象可以是面向管理层、全体员工、业务部门、法务合规部门等。合规培训的目标是确保所有员工有能力以与组织的合规文化和合规承诺一致的方式履行各自的角色职责。同时，部分企业也会选择对商业合作伙伴开展合规培训。

具体而言，例如，针对涉外企业可适当开展境外投资、反倾销、反补贴、反腐败、反贿赂合规培训；针对重工业相关企业、建设工程企业可适当开展环境保护、安全生产培训;针对互联网企业可适当开展个人信息保护、数据和隐私合规培训。

再如,针对财务部门可侧重于财务、税收相关法律法规、企业内部控制体系、财务事项操作和审批流程等;针对安全生产或环保部门可侧重于国家安全生产、环境保护法律法规、企业安全环保相关制度、违规可能带来的严重后果等;针对投资融资部门可侧重于证券、基金相关法律法规、国资监管相关法律法规及政策(若客户为国有企业),以及如何识别及应对投融资合规风险等;针对信息技术部门可侧重于数据安全、信息安全、网络安全与用户隐私保护等;针对市场、采购、营销部门可侧重于反腐败、反贿赂等;针对人力资源部门可侧重于劳动用工等。

合规培训能有效提高员工的合规意识与合规能力,有利于培育合规文化,有助于区分企业责任与个人责任,在相关部门/机构开展调查时,企业可以对员工进行合规培训作为免除企业责任的依据;合规培训有利于企业对商业合作伙伴进行合规管理,减少公司因商业合作伙伴的原因承担责任的风险。

随着涉案企业合规第三方监督评估机制的推行,涉案企业在该机制下能够借助刑事合规律师的专业力量积极开展企业合规整改工作,清除企业内部犯罪介质,构建企业合规管理体系,进而获得检察机关对企业或者相关人员不起诉的处理结果。因此,上市公司在涉入刑事案件后至提起公诉之前,均可以尝试在专业刑事合规律师的协助下,适时向检察机关提交适用该项机制的申请,积极把握机会,达到合规不起诉的预期目标。

总而言之,上市公司应对刑事责任是一个复杂、长期的系统工程。面对日益严峻的刑事风险,上市公司应当尽早开展相关工作,减小风险发生的概率,也提高风险发生时的应对能力。

第四节　追责原则及免责情形

一、不同的主观过错原则适用

1. 在民事责任中的体现

《民法典》中对侵权责任归责原则分为三种,分别为过错责任原则、过错推定责任原则和无过错责任原则。

过错责任原则要求以存在过错作为侵权责任构成要件,即有过错则承担责任,无过错则不承担责任。过错推定责任原则在证明主观过错要件上是实行举证责任倒置,即如果不能证明自己对于损害的发生没有过错,则推定有过错。无过错责任原则是指无须以行为人主观过错为要件,只要具备违法行为、存在损害事实且违法行为与损害事实之间存在因果关系,就应当承担侵权责任。

在归责原则适用上,不同的违法行为以及同一违法行为的不同行为主体可能适用不同的追责原则。例如针对信息披露违法行为,《证券法》即规定部分为无过错责任原则,部分为过错推定原则。而对于过错的认定,不同的违法行为也具有不同的认定标准。

以信息披露违法为例:

《证券法》(2019 年修订)第 85 条规定,信息披露义务人未按照规定披露信息,或者公告的证券发行文件、定期报告、临时报告及其他信息披露资料存在虚假记载、误导性陈述或者重大遗漏,致使投资者在证券交易中遭受损失的,信息披露义务人应当承担赔偿责任;发行人的控股股东、实际控制人、董事、监事、高级管理人员和其他直接责任人员以及保荐人、承销的证券公司及其直接责任人员,应当与发行人承担连带赔偿责任,但是能够证明自己没有过错的除外。换言之,即对于发行人的控股股东、实际控制人、董事、监事、高级管理人员和其他直接责任人员以及保荐人、承销的证券公司及其直接责任人员而言,采用过错推定原则;而对于发行人而言,则适用无过错责任原则。

根据最高人民法院《关于审理证券市场虚假陈述侵权民事赔偿案件的若干规定》第 13 条的规定,过错包括两种情形:(1)行为人故意制作、出具存在虚假陈述的信息披露文件,或者明知信息披露文件存在虚假陈述而不予指明、予以发布;(2)行为人严重违反注意义务,对信息披露文件中虚假陈述的形成或者发布存在过失。

该规定第 14 条规定,"发行人的董事、监事、高级管理人员和其他直接责任人员主张对虚假陈述没有过错的,人民法院应当根据其工作岗位和职责、在信息披露资料的形成和发布等活动中所起的作用、取得和了解相关信息的渠道、为核验相关信息所采取的措施等实际情况进行审查认定。前款所列人员不能提供勤勉尽责的相应证据,仅以其不从事日常经营管理、无相关职业背景和专业知识、相信发行人或者管理层提供的资料、相信证券服务机构出具的专业意见等理由主张其没有过错的,人民法院不予支持"。

该规定第 15 条规定,如果发行人的董事、监事、高级管理人员依照《证券法》第 82 条第 4 款的规定,以书面方式发表附具体理由的意见并依法披露的,人民法院可以认定其主观上没有过错,但在审议、审核信息披露文件时投赞成票的除外。同时,该规定还明确了对于外部监事和职工监事,参照适用前述规定。

2. 在行政责任中的体现

在行政责任体系中,我国《行政处罚法》(2021 年修订)规定,当事人有证据足以证明没有主观过错的,不予行政处罚,也即采用的是过错推定原则。

中国证监会于 2021 年 7 月发布的《证券期货违法行为行政处罚办法》规定,中国证监会及其派出机构发现自然人、法人或者其他组织涉嫌违反证券期货法律、法规和规章,有明确的违法行为主体、有证明违法事实的证据、法律法规与规章规定有明确的行政处罚法律责任、尚未超过 2 年行政处罚时效(涉及金融安全且有危害后果的,尚未超过 5 年行政处罚时效)且不存在依法不予行政处罚等情形的,应当立案。在案件调查终结,对确有应受行政处罚的违法行为的,根据情节轻重及具体情况,作出行政处罚决定;违法行为轻微,依法可以不予行政处罚的,不予行政处罚;违法事实不能成立的,不予行政处罚;违法行为涉嫌犯罪的,依法移送司法机关。

除上述违法行为轻微可以不予行政处罚、违法事实不能成立不予行政处罚外,其他可能不被行政处罚的情形又有哪些呢?

以信息披露违法行为为例,根据《信息披露违法行为行政责任认定规则》的规定,发生信息披露违法行为的,对负有保证信息披露真实、准确、完整、及时和公平义务的董事、监事、高级管理人员,应当视情形认定其为直接负责的主管人员或者其他直接责任人员承担行政责任,但其能够证明已尽忠实、勤勉义务,没有过错的除外。在具体的责任认定上,信息披露义务人行为构成信息披露违法的,应当根据其违法行为的客观方面和主观方面等综合审查认定其责任。

(1)认定信息披露违法行为的客观方面通常要考虑以下情形:

①违法披露信息包括重大差错更正信息中虚增或者虚减资产、营业收入及净利润的数额及其占当期所披露数的比重,是否因此资不抵债,是否因此发生盈亏变化,是否因此满足证券发行、股权激励计划实施、利润承诺条件,是否因此避免被特别处理,是否因此满足取消特别处理要求,是否因此满足恢复上市交易条件等;

②未按照规定披露的重大担保、诉讼、仲裁、关联交易以及其他重大事项所涉及的数额及其占公司最近一期经审计总资产、净资产、营业收入的比重,未按照规定及时披露信息时间长短等;

③信息披露违法所涉及事项对投资者投资判断的影响大小;

④信息披露违法后果，包括是否导致欺诈发行、欺诈上市、骗取重大资产重组许可、收购要约豁免、暂停上市、终止上市，给上市公司、股东、债权人或者其他人造成直接损失数额大小，以及未按照规定披露信息造成该公司证券交易的异动程度等；

⑤信息披露违法的次数，是否多次提供虚假或者隐瞒重要事实的财务会计报告，或者多次对依法应当披露的其他重要信息不按照规定披露；

⑥社会影响的恶劣程度；

⑦其他需要考虑的情形。

（2）认定信息披露义务人信息披露违法主观方面通常要考虑以下情形：

①信息披露义务人为单位的，在单位内部是否存在违法共谋，信息披露违法所涉及的具体事项是否是经董事会、公司办公会等会议研究决定或者由负责人员决定实施的，是否只是单位内部个人行为造成的；

②信息披露义务人的主观状态，信息披露违法是不是故意的欺诈行为，是否是不够谨慎、疏忽大意的过失行为；

③信息披露违法行为发生后的态度，公司董事、监事、高级管理人员知道信息披露违法后是否继续掩饰，是否采取适当措施进行补救；

④与证券监管机构的配合程度，当发现信息披露违法后，公司董事、监事、高级管理人员是否向证监会报告，是否在调查中积极配合，是否对调查机关欺诈、隐瞒，是否有干扰、阻碍调查情况；

⑤其他需要考虑的情形。

（3）对于上市公司的董事、监事、高级管理人员违背对公司的忠实义务，利用职务便利，操纵上市公司从事损害公司利益行为；上市公司的控股股东或者实际控制人，指使上市公司董事、监事、高级管理人员从事损害公司利益行为；上市公司董事、监事、高级管理人员和持股5%以上股东违法买卖公司股票行为；公司工作人员挪用资金、职务侵占等行为；配合证券市场内幕交易、操纵市场以及其他可能致使信息披露义务人信息披露违法的行为，通常综合考虑以下情形认定责任：

①信息披露义务人是否存在过错，有无实施信息披露违法行为的故意，是否存在信息披露违法的过失；

②信息披露义务人是否因违法行为直接获益或者以其他方式获取利益，是否因违法行为止损或者避损，公司投资者是否因该项违法行为遭受重大损失；

③信息披露违法责任是否能被其他违法行为责任所吸收，认定其他违法行为行政责任、刑事责任是否能更好体现对违法行为的惩处；

④其他需要考虑的情形。

例如T公司操纵证券市场案中，T公司具有私募基金管理人资格。2016年6月3日至24日，T公司实际控制使用其发行的4个私募基金产品账户，以及受托管理的2个资产管理计划账户和11个理财专户账户共计17个账户（以下简称账户组），集中资金优势，采用盘中拉升、对倒交易、日内或隔日反向交易、尾盘拉升等方式交易永某公司股票，影响股票价格，合计获利6,814,322.69元。时任T公司执行总裁、董事、投资经理L某具体负责账户组的投资决策。

在本案听证过程中，当事人T公司、L某主张，T公司不实际控制和管理上述2个资产管理计划账户，亦非投资指令的最终审核主体；当事人没有操纵的主观故意，也未实施操纵行为；账户组最终收益不归属T公司，T公司对账户组交易并没有违法所得等。证监会经复核认为：现有证据足以认定，T公司涉案期间受托管理2个资产管理计划，具有账户交易决策权，是交易的实际决策者，实际控制2个资产管理计划账户，应对账户的交易行为承担法律责任；T公司集中资金优势，采用盘中拉抬、对倒交易、日内或隔日反向交易、尾盘拉升、大额封涨停等方式交易永某公司股票，影响其交易价格，扰乱证券市场正常的价格机制，构成操纵市场行为。

2018年7月，证监会作出行政处罚决定，认定T公司的上述行为违反了2005年修订的《证券法》第77条第1款第1项、第3项、第4项的规定，构成2005年《证券法》第203条所述的证券市场操纵行为。证监会决定，没收T公司违法所得6,814,322.69元，并处以13,628,645.38元的罚款；对L某给予警告，并处以30万元的罚款。

二、民事赔偿责任优先原则

《证券法》第220条规定："违反本法规定，应当承担民事赔偿责任和缴纳罚款、罚金、违法所得，违法行为人的财产不足以支付的，优先用于承担民事赔偿责任。"实践中，行政处罚决定往往先于民事判决作出，一些行政处罚案件特别是大额行政罚没款案件中，违法行为人缴纳罚没款后，剩余财产往往难以支付民事赔偿款，导致民事赔偿责任优先原则无法落实。

证监会、财政部联合发布《关于证券违法行为人财产优先用于承担民事赔偿责任有关事项的规定》（证监会、财政部公告〔2022〕40号）明确违法行为人所缴纳的行政罚没款用于承担民事赔偿责任的具体工作机制，率先将民事赔偿责任优先原则在证券领域落地。

该规定明确，违反《证券法》规定，违法行为人应当同时承担民事赔偿责任和缴纳罚没款行政责任，缴纳罚没款后，剩余财产不足以承担民事赔偿责任的，合法权益受到侵害的投资者可以在向人民法院提起诉讼，获得胜诉判决或者调解书，并经人民法院强制执行或者破产清算程序分配仍未获得足额赔偿后提出书面申请，请求将违法行为人因同一违法行为已缴纳的罚没款用于承担民事赔偿责任。

受害投资者可以在人民法院出具终结执行裁定书后一年内提出申请；违法行为人被人民法院宣告破产的，自破产程序终结或者追加分配程序终结后一年内提出申请；超过一年提出申请的，证监会不予受理。受害投资者申请金额不得超过民事判决书等所确定的被告应当承担的赔偿金额，不得对被告已履行部分再提出申请；用于承担民事赔偿责任的罚没款金额不得超过违法行为人实际缴纳的罚没款金额，多个受害投资者同时提交申请，申请总额超过违法行为人实际缴纳的罚没款金额的，按照依上述规定确定的受害投资者申请额比例退付。

违法行为人缴纳的罚没款用于承担民事赔偿责任的，违法行为人应当继续履行相关罚没款缴纳义务。

三、过罚相当、精准追责原则

立法与司法实践中，逐渐完善追责精细度，根据相关人员的实际作用区分其责任。根据最高人民法院印发的《关于审理证券行政处罚案件证据若干问题的座谈会纪要》的规定，上市公司董事、监事、高级管理人员对上市公司信息披露的真实性、准确性和完整性应当承担较其他人员更严格的法定保证责任。涉及对直接负责的主管人员和其他直接责任人员处罚的，应当区分上市公司董事、高级管理人员和该范围之外其他人员的不同责任标准与证明方式。

对上市公司董事、监事、高级管理人员之外的人员，监管机构认定其为上市公司信息披露违法行为直接负责的主管人员或者其他直接责任人员并给予处罚的，应当证明被处罚人具有下列情形之一：(1)实际履行董事、监事和高级管理人员的职责，并与信息披露违法行为存在直接关联；(2)组织、参与、实施信息披露违法行为或直接导致信息披露违法。

2023年4月，国务院办公厅发布《关于上市公司独立董事制度改革的意见》(国办发〔2023〕9号)，提出了健全独立董事责任约束机制。坚持“零容忍”打击证券违法违规行为，加大对独立董事不履职不尽责的责任追究力度，独立董事不勤勉履行法定职责、损害公司或者股东合法权益的，依法严肃追责。按照责权利匹配的原则，兼顾独立董事的董事地位和外部身份特点，明确独立董事与非独立董事承担共同而有区别的法律责任，在董事对公司董事会决议、信息披露负有法定责任的基础上，推动针对性设置独立董事的行政责任、民事责任认定标准，体现过罚相当、精准追责。结合独立董事的主观过错、在决策过程中所起的作用、了解信息的途径、为核验信息采取的措施等情况综合判断，合理认定独立董事承担民事赔偿责任的形式、比例和金额，实现法律效果和社会效果的有机统一。

最高人民法院《关于审理证券市场虚假陈述侵权民事赔偿案件的若干规定》（法释〔2022〕2号）还规定，独立董事能够证明下列情形之一的，人民法院应当认定其没有过错：（1）在签署相关信息披露文件之前，对不属于自身专业领域的相关具体问题，借助会计、法律等专门职业的帮助仍然未能发现问题的；（2）在揭露日或更正日之前，发现虚假陈述后及时向发行人提出异议并监督整改或者向证券交易场所、监管部门书面报告的；（3）在独立意见中对虚假陈述事项发表保留意见、反对意见或者无法表示意见并说明具体理由的，但在审议、审核相关文件时投赞成票的除外；（4）因发行人拒绝、阻碍其履行职责，导致无法对相关信息披露文件是否存在虚假陈述作出判断，并及时向证券交易场所、监管部门书面报告的；（5）能够证明勤勉尽责的其他情形。

独立董事提交证据证明其在履职期间能够按照法律、监管部门制定的规章和规范性文件以及公司章程的要求履行职责的，或者在虚假陈述被揭露后及时督促发行人整改且效果较为明显的，人民法院可以结合案件事实综合判断其过错情况。

此外，《上市公司独立董事管理办法（征求意见稿）》第44条规定，对独立董事在上市公司中的履职尽责情况及其行政责任，可以结合独立董事履行职责与相关行为之间的关联程度，兼顾其董事地位和外部身份特点，综合以下方面进行判断：（1）在信息形成和相关决策过程中所起的作用；（2）相关事项信息来源和内容、了解信息的途径；（3）知情程度及知情后的态度；（4）对相关异常情况的注意程度，为核验信息采取的措施；（5）参加相关董事会及其专门委员会、独立董事专门会议的情况；（6）专业背景或者行业背景；（7）其他与相关违法行为关联的方面。

《上市公司独立董事管理办法（征求意见稿）》第45条规定，独立董事有证据足以证明其没有主观过错的，依照《行政处罚法》不予行政处罚。独立董事已履行基本职责，且能够证明存在下列情形之一的，可以认定其没有主观过错：(1)在审议或签署信息披露文件前，对不属于自身专业领域的相关具体问题，借助会计、法律等专门职业的帮助仍然未能发现问题的；(2)对违法违规事项提出具体异议，明确记载于董事会、董事会专门委员会或独立董事专门会议的会议记录中，并在董事会会议中投反对票或弃权票的；(3)上市公司或相关方有意隐瞒，且没有迹象表明独立董事知悉或能够发现违法违规线索的；(4)因上市公司拒绝、阻碍独立董事履行职责，导致其无法对相关信息披露文件是否真实、准确、完整作出判断，并及时向中国证监会、证券交易所书面报告的；(5)能够证明勤勉尽责的其他情形。

在违法行为揭露日或更正日之前，独立董事发现违法违规行为后及时向公司提出异议并监督整改，且向中国证监会、证券交易所书面报告的，可以不予行政处罚。

独立董事提供证据证明其在履职期间能够按照法律、行政法规、部门规章、规范性文件以及公司章程的规定履行职责的，或者在违法行为被揭露后及时督促上市公司整改且效果较为明显的，中国证监会可以结合违法行为事实和性质、独立董事日常履职情况等综合判断其行政责任。

在(2022)最高法民申101号民事裁定书中，最高人民法院区分了独立董事、外部监事在发行人证券虚假陈述中的具体作用和责任，其认为：本案中，LXL、JTH未提交充分证据证明其曾对HD股份涉案信息披露事项实施过必要的有效的检查和监督，不能证明其对HD股份所实施的虚假陈述没有过错，均应承担相应责任。独立董事独立履行职责，不受公司主要股东、实际控制人或其他与公司存在利害关系的人的影响。本案中，独立董事LXL未积极采取必要、合理的方法对公司进行调查、监督，未就中介机构的财务审计报告等提出进一步沟通核实要求，以尽独立履行职责之勤勉义务，存在一定过错。二审考虑到独立董事不参与公司日常经营管理，不执行具体业务，其获取信息的主要渠道是公司管理层提供或者公司委托中介机构所做的审计报告，不可能第一手获取公司的生产经营以及收入状况的信息，无法对公司财务数额的真实性作出直观判断，且LXL未参与本案所涉虚假陈述信息的制作，没有证据证明LXL在相关年报、半年报上签字时即知悉存在虚假陈述，以及LXL一定程度系基于对专业会计机构已出具无保留意见的信赖等多方面因素，酌定独立董事LXL在5%范围内承担连带赔偿责任，并无不当。JTH作为HD股份监事，未提交充分证据证明其曾对HD股份涉案信息披露事项实施过必要的有效的检查和监督，无法证明其对HD股份所实施的虚假陈述没有过错。二审考虑到JTH并未参与本案所涉虚假陈述信息的制作,且本案HD股份所实施虚假陈述行为具有隐蔽性,现有证据亦无法证明JTH在相关年报、半年报上签字前,HD股份已将所实施虚假陈述行为的事实进行过告知,或其已知悉HD股份存在虚假陈述行为;在相关会计机构已对HD股份的财务报告出具无保留意见的审计结论的情况下,JTH在相关年度报告或半年度报告的审议表决中投赞成票,某种程度系基于对专业会计机构已出具无保留意见的信赖。综合考量上述因素,二审法院酌定JTH对YP公司的投资损失承担50%的连带赔偿责任,并无不当。

本案中独立董事、外部监事未积极采取必要、合理的方法对公司进行调查、监督,未就中介机构的财务审计报告等提出进一步沟通核实要求,存在一定过错。因此独立董事、外部监事不能仅仅以存在专业机构的意见,就忽略勤勉尽责而进行进一步开会讨论、现场调查、沟通核实、督促整改、数据比对等工作。但考虑到独立董事、外部监事不参与公司日常经营管理,不执行具体业务,其获取信息的主要渠道是公司管理层提供或者公司委托中介机构所做的审计报告,且虚假陈述行为具有隐蔽性等因素,最高人民法院判决其在一定限度内承担赔偿责任。这体现了过罚相当、精准追责的原则。

再如,(2022)鄂01民初7号民事判决书对于5位董事的责任认定,法院认为本案5名董事中,YCL、CQ为独立董事,未在ZA科公司任职。作为独立董事,YCL、CQ并不参与公司的经营活动,仅是对公司的经营决策提供建议和监督,相对于内部董事而言,其对公司经营状况的了解程度更小。况且本案中需要其表决意见的是他人提供的第三方信息即重大资产重组所涉的标的公司ZA消技术公司的经营状况。根据证监会的行政处罚决定,ZA科公司虚假陈述主要涉及"班班通"项目、"智慧石拐"项目和"BT"项目等。而ZA科公司、ZA消技术公司已聘请专业中介服务机构对本次重大资产重组置入资产进行了审计和评估,但均未发现置入资产存在营业收入及评估值虚增的情形。对于YCL、CQ这2名外部董事而言,其并非专业人士,要求其持续关注标的公司"班班通"项目的履行进程,并对与标的公司经营状况相关的资料进行审核,显然已超出独立董事的职责范围。故YCL、CQ在本案中应予免责。HF、QZC、ZXD系ZA科公司的内部董事,其对于公司所负有的勤勉尽责义务标准理应高于独立董事。该3名董事当时分别担任ZA科公司董事长、财务总监、总经理一职,有义务对交易对方及标的公司提供的相关资料尽到谨慎审核义务。现因ZA科公司在重大资产重组中存在虚假陈述行为致使向艳遭受损失,HF、QZC、ZXD理应承担相应的民事责任。虽 HF 对于置入资产的相关决议均回避表决,但其作为 ZA 科公司的董事长,系公司的主要决策者,对于涉及公司经营等方面事务负有直接责任。HF 在审议涉案重大资产重组事项中回避表决系由于其在重大资产重组所涉置出资产交易对方 YD 电子公司任职,据此并不能成为免除其作为董事长所负有的谨慎注意义务的理由,故 HF 提出其应免责的主张依法不能成立。对于该 3 名董事的赔偿责任范围,应结合其过错程度进行考量。首先,本案中 ZA 科公司披露的信息来源于其交易对方 ZHHZ 公司及标的公司 ZA 消技术公司,HF、QZC、ZXD 对该信息所负有的谨慎注意义务应与对 ZA 科公司自身信息有所不同。HF、QZC、ZXD 虽不具备审计和评估方面的专业知识,但其也并非普通人,其作为分别在公司担任董事长、总经理、财务总监的内部董事,理应对重组过程中需要披露的信息负有一定的注意义务。尤其对于需要经过招投标程序才能实际付诸履行的"班班通"项目未予以持续关注,导致最终的股权价值严重虚增,该 3 名董事负有相应的责任。其次,虽本案所涉重组交易中除了有独立财务顾问、审计机构、评估机构等中介服务机构,还有 SYWG 公司对本次重大资产重组涉及的置入资产范围、预估交易价格以及交易结构等提供专业咨询意见。同时,就置入资产评估项目曾召开两次专家评审会议。但 HF、QZC、ZXD 作为内部董事,过分依赖专业中介服务机构,没有实施诸如实地调查或要求中介服务机构进一步查证相关在手合同实际履行情况等主动核查行为。鉴于此,HF、QZC、ZXD 对于 ZA 科公司违反信息披露义务、构成虚假陈述具有一定的过错,应酌情对向艳的损失在 2%的范围内承担连带责任。

本案中,法院认为对于交易对手方提供的虚假信息的审核超出了独立董事的职责范围,故对独立董事予以免责;而对于另外 3 名内部董事,虽然虚假信息来自交易对方,但内部董事过分依赖专业中介服务机构,没有实施诸如实地调查或要求中介服务机构进一步查证相关在手合同实际履行情况等主动核查行为,故也酌情判定内部董事在一定范围内承担连带赔偿责任。

四、行政责任与民事责任的归责差异

行政责任是指行为人违反行政管理方面的法律规定所应当承担的法律责任;民事责任是指行为人违反民事法律规范所应当承担的法律责任,承担民事责任的前提是行为人侵害他人合法民事权益并造成损害。违反行政管理方面的法律规定并不意味着一定侵犯了他人合法民事权益,承担行政责任的违法行为人并不一定需要承担民事责任。

相反，承担民事责任是否必然以存在行政责任为前提，这关乎投资者权利救济实现的途径和效率问题。基于此并考虑到行政责任与民事责任分属不同的法益范畴和规制体系，2022年1月，最高人民法院发布的《关于审理证券市场虚假陈述侵权民事赔偿案件的若干规定》（法释〔2022〕2号）规定，原告提起证券虚假陈述侵权民事赔偿诉讼符合民事诉讼法的相关要求并提供相关证据或证明材料的，人民法院应当受理，人民法院不得仅以虚假陈述未经监管部门行政处罚或者人民法院生效刑事判决的认定为由裁定不予受理，取消了2003年《关于审理证券市场因虚假陈述引发的民事赔偿案件的若干规定》中关于"依据有关机关的行政处罚决定或者人民法院的刑事裁判文书，对虚假陈述行为人提起的民事赔偿诉讼"这一前置条件。因此，承担民事赔偿责任并不以行政处罚作为前置程序。

第五节　常见证券违法行为法律责任认定

一、欺诈发行

根据2019年修订实施的《证券法》的规定，欺诈发行是指发行人在其公告的证券发行文件中隐瞒重要事实或者编造重大虚假内容的行为。而根据2014年《证券法》的规定，欺诈发行则是指发行人不符合发行条件，以欺骗手段骗取发行核准。

对于欺诈发行的上述显见变化，是以我国推行以信息披露为核心的注册制为背景。对于欺诈发行不再以"发行人不符合发行条件"为前提，危害结果上也不再以"骗取发行核准"为结果要素，即只要发行人在其公告的证券发行文件中存在"隐瞒重要事实或者编造重大虚假内容的行为"，就可认定为欺诈发行。

欺诈发行在本质上也是信息披露违法行为的一种，与证券虚假陈述的区别在于违法行为发生的时期不同。

最高人民法院、最高人民检察院、公安部、证监会联合发布的《关于印发依法从严打击证券犯罪典型案例的通知》规定，对信息披露义务人违反披露规定构成犯罪的行为，应当区分行为发生在股票发行、持续信息披露等不同时期，分别以欺诈发行证券罪、违规披露、不披露重要信息罪依法追究刑事责任，构成两种犯罪的依法数罪并罚。

可见,欺诈发行本质上是发行在股票发行阶段的证券虚假陈述。因此,欺诈发行与证券虚假陈述在违法行为的表现特征、责任认定、责任后果等方面具有诸多相同之处,但同时又有所区别。

1. 欺诈发行的发行载体

参考我国刑法关于欺诈发行证券罪的规定,发行人“公告的证券发行文件”包括招股说明书、认股书、公司/企业债券募集办法等发行文件。

而证券虚假陈述,司法审查的信息披露文件不仅包括招股说明书、定期报告、临时报告、公司债券募集说明书、重组报告书等常规信息披露文件,也包括信息披露义务人对审核问询的每一项答复和公开承诺等。

2. “重要事实”“重大虚假内容”的判断

对于“重要事实”“重大虚假内容”的判断标准,基于《证券法》第 19 条关于“发行人报送的证券发行申请文件,应当充分披露投资者作出价值判断和投资决策所必需的信息,内容应当真实、准确、完整”的规定,“重要事实”“重大虚假内容”应以影响投资者作出价值判断和投资决策为价值判断标准,具体“事实”和“内容”类型上,我们可以参考《证券法》第 80 条与第 81 条关于可能对上市公司股票交易价格、债券交易价格产生较大影响的重大事项的规定,虚假陈述的内容属于上述重大事件的,即可认定具有重大性。

同时,参考最高人民法院《关于审理证券市场虚假陈述侵权民事赔偿案件的若干规定》(法释〔2002〕2 号),属于监管部门制定的规章和规范性文件中要求披露的重大事件或者重要事项,以及虚假陈述的实施、揭露或者更正导致相关证券的交易价格或者交易量产生明显的变化的,也会被认定为具有重大性。

3. 追责原则

根据《证券法》第 181 条的规定,发行人在其公告的证券发行文件中隐瞒重要事实或者编造重大虚假内容,尚未发行证券的,处以 200 万元以上 2000 万元以下的罚款;已经发行证券的,处以非法所募资金金额 10%以上 1 倍以下的罚款。对直接负责的主管人员和其他直接责任人员,处以 100 万元以上 1000 万元以下的罚款。

此外,最高人民法院印发的《关于为创业板改革并试点注册制提供司法保障的若干意见》(法发〔2020〕28 号)、《关于为设立科创板并试点注册制改革提供司法保障的若干意见》(法发〔2019〕17 号)中规定,发行人在其公告的证券发行文件中隐瞒重要事实或者编造重大虚假内容的,虚假陈述构成骗取发行审核注册的，均应当依法判令承担欺诈发行民事责任。

可见，对于欺诈发行而言，对于信息披露义务人采用的是无过错原则。

另根据《证券法》第 85 条的规定，信息披露义务人未按照规定披露信息，或者公告的证券发行文件、定期报告、临时报告及其他信息披露资料存在虚假记载、误导性陈述或者重大遗漏，致使投资者在证券交易中遭受损失的，信息披露义务人应当承担赔偿责任；发行人的控股股东、实际控制人、董事、监事、高级管理人员和其他直接责任人员以及保荐人、承销的证券公司及其直接责任人员，应当与发行人承担连带赔偿责任，但是能够证明自己没有过错的除外。也就是说，对于发行人的控股股东、实际控制人、董事、监事、高级管理人员和其他直接责任人员以及保荐人、承销的证券公司及其直接责任人员，采用过错推定原则。

对于欺诈发行的刑事追责来看，根据最高人民检察院、公安部《关于公安机关管辖的刑事案件立案追诉标准的规定（二）》在招股说明书、认股书、公司、企业债券募集办法等发行文件中隐瞒重要事实或者编造重大虚假内容，发行股票或者公司、企业债券、存托凭证或者国务院依法认定的其他证券，涉嫌下列情形之一的，应予立案追诉：

（1）非法募集资金金额在 1000 万元以上的；

（2）虚增或者虚减资产达到当期资产总额 30%以上的；

（3）虚增或者虚减营业收入达到当期营业收入总额 30%以上的；

（4）虚增或者虚减利润达到当期利润总额 30%以上的；

（5）隐瞒或者编造的重大诉讼、仲裁、担保、关联交易或者其他重大事项所涉及的数额或者连续 12 个月的累计数额达到最近一期披露的净资产 50%以上的；

（6）造成投资者直接经济损失数额累计在 100 万元以上的；

（7）为欺诈发行证券而伪造、变造国家机关公文、有效证明文件或者相关凭证、单据的；

（8）为欺诈发行证券向负有金融监督管理职责的单位或者人员行贿的；

（9）募集的资金全部或者主要用于违法犯罪活动的；

（10）其他后果严重或者有其他严重情节的情形。

需要注意的是，根据最高人民法院关于印发《全国法院审理债券纠纷案件座谈会纪要》的通知，对于欺诈发行民事赔偿责任，欺诈发行行为人以欺诈发行行为未经有关机关行政处罚或者生效刑事裁判文书认定为由请求不予受理或者驳回起诉的，人民法院不予支持，即欺诈发行民事赔偿责任不以有关机关行政处罚或者生效刑事裁判文书认定为前置条件。

4. 民事赔偿责任中投资者损失的认定

对于证券欺诈发行，根据最高人民法院《关于审理证券市场虚假陈述侵权民事赔偿案件的若干规定》（法释〔2002〕2号）的规定，信息披露义务人在证券交易市场承担民事赔偿责任的范围，以原告因虚假陈述而实际发生的损失为限。原告实际损失包括投资差额损失、投资差额损失部分的佣金和印花税。其损失的具体计算参照该规定"信息披露违法"部分。

对于债券欺诈发行，最高人民法院关于印发《全国法院审理债券纠纷案件座谈会纪要》的通知规定，民事赔偿责任范围包括当期利息或者到期本息、逾期利息、违约金、实现债权的合理费用等。

根据上述通知，欺诈发行的债券认购人或者欺诈发行、虚假陈述行为实施日及之后、揭露日之前在交易市场上买入该债券的投资者，其损失按照如下方式计算：（1）在起诉日之前已经卖出债券，或者在起诉时虽然持有债券，但在一审判决作出前已经卖出的，本金损失按投资人购买该债券所支付的加权平均价格扣减持有该债券期间收取的本金偿付（如有），与卖出该债券的加权平均价格的差额计算，并可加计实际损失确定之日至实际清偿之日止的利息。利息分段计算，在2019年8月19日之前，按照中国人民银行确定的同期同类贷款基准利率计算；在2019年8月20日之后，按照中国人民银行授权全国银行间同业拆借中心公布的贷款市场报价利率（LPR）标准计算。（2）在一审判决作出前仍然持有该债券的，债券持有人请求按照本纪要第21条第1款的规定计算损失赔偿数额的，人民法院应当予以支持；债券持有人请求赔偿虚假陈述行为所导致的利息损失的，人民法院应当在综合考量欺诈发行、虚假陈述等因素的基础上，根据相关虚假陈述内容被揭露后的发行人真实信用状况所对应的债券发行利率或者债券估值，确定合理的利率赔偿标准。

二、内幕交易

内幕交易是指证券、期货交易内幕信息的知情人员、单位或者非法获取证券、期货交易内幕信息的人员、单位，在涉及证券的发行，证券、期货交易或者其他对证券、期货交易价格有重大影响的信息尚未公开前，买入或者卖出该证券，或者从事与该内幕信息有关的期货交易，或者泄露该信息，或者明示、暗示他人从事上述交易活动的行为。

总结而言，内幕交易包括非法获取内幕信息者内幕交易、内幕信息知情人直接进行交易、内幕信息知情人泄露内幕信息、内幕信息知情人建议他人交易等情形。

在对内幕交易违法行为的认定中,通常需考虑的因素如下:

1. 是否为内幕信息

根据《证券法》的规定,证券交易活动中,涉及发行人的经营、财务或者对该发行人证券的市场价格有重大影响的尚未公开的信息,为内幕信息,即内幕信息需满足"重大性"和"未公开"两个要件。

对于重大性而言,根据《证券法》第80条,可能对上市公司股票交易价格产生较大影响的内幕信息包括:

(1)公司的经营方针和经营范围的重大变化;

(2)公司的重大投资行为,公司在一年内购买、出售重大资产超过公司资产总额30%,或者公司营业用主要资产的抵押、质押、出售或者报废一次超过该资产的30%;

(3)公司订立重要合同、提供重大担保或者从事关联交易,可能对公司的资产、负债、权益和经营成果产生重要影响;

(4)公司发生重大债务和未能清偿到期重大债务的违约情况;

(5)公司发生重大亏损或者重大损失;

(6)公司生产经营的外部条件发生的重大变化;

(7)公司的董事、三分之一以上监事或者经理发生变动,董事长或者经理无法履行职责;

(8)持有公司5%以上股份的股东或者实际控制人持有股份或者控制公司的情况发生较大变化,公司的实际控制人及其控制的其他企业从事与公司相同或者相似业务的情况发生较大变化;

(9)公司分配股利、增资的计划,公司股权结构的重要变化,公司减资、合并、分立、解散及申请破产的决定,或者依法进入破产程序、被责令关闭;

(10)涉及公司的重大诉讼、仲裁,股东大会、董事会决议被依法撤销或者宣告无效;

(11)公司涉嫌犯罪被依法立案调查,公司的控股股东、实际控制人、董事、监事、高级管理人员涉嫌犯罪被依法采取强制措施;

(12)国务院证券监督管理机构规定的其他事项。

根据《证券法》第81条的规定,可能对上市交易公司债券的交易价格产生较大影响的内幕信息包括:

(1)公司股权结构或者生产经营状况发生重大变化；

(2)公司债券信用评级发生变化；

(3)公司重大资产抵押、质押、出售、转让、报废；

(4)公司发生未能清偿到期债务的情况；

(5)公司新增借款或者对外提供担保超过上年末净资产的20%；

(6)公司放弃债权或者财产超过上年末净资产的10%；

(7)公司发生超过上年末净资产10%的重大损失；

(8)公司分配股利，作出减资、合并、分立、解散及申请破产的决定，或者依法进入破产程序、被责令关闭；

(9)涉及公司的重大诉讼、仲裁；

(10)公司涉嫌犯罪被依法立案调查，公司的控股股东、实际控制人、董事、监事、高级管理人员涉嫌犯罪被依法采取强制措施；

(11)国务院证券监督管理机构规定的其他事项。

在是否属于内幕信息的认定上，满足上述“重大性”和“未公开”两个要件即可，而对于该等信息是否为明确、确定的信息，则并不影响其属于内幕信息的认定。

2. 是否知情或非法获取并利用内幕信息

根据最高人民法院《关于审理证券行政处罚案件证据若干问题的座谈会纪要》(法〔2011〕225号)的规定，监管机构提供的证据能够证明以下情形之一，且被处罚人不能作出合理说明或者提供证据排除其存在利用内幕信息从事相关证券交易活动的，人民法院可以确认被诉处罚决定认定的内幕交易行为成立：(1)《证券法》第74条规定的证券交易内幕信息知情人，进行了与该内幕信息有关的证券交易活动；(2)《证券法》第74条规定的内幕信息知情人的配偶、父母、子女以及其他有密切关系的人，其证券交易活动与该内幕信息基本吻合；(3)因履行工作职责知悉上述内幕信息并进行了与该信息有关的证券交易活动；(4)非法获取内幕信息，并进行了与该内幕信息有关的证券交易活动；(5)内幕信息公开前与内幕信息知情人或知晓该内幕信息的人联络、接触，其证券交易活动与内幕信息高度吻合。

可见，在是否知情并利用内幕信息的认定上，采用的是推定规则，即只要特定人员从事了与内幕信息相关的交易、行为的交易行为与内幕信息基本吻合或者与内幕信息知情人有过联络、接触并从事了与内幕信息高度吻合的证券交易活动，即推定为知情并利用了内幕信息，其行为即构成内幕交易行为。

而对于下列人员，则会被认定为非法获取内幕信息的情形：（1）利用窃取、骗取、套取、窃听、利诱、刺探或者私下交易等手段获取内幕信息的；（2）内幕信息知情人员的近亲属或者其他与内幕信息知情人员关系密切的人员，在内幕信息敏感期内，从事或者明示、暗示他人从事，或者泄露内幕信息导致他人从事与该内幕信息有关的证券、期货交易，相关交易行为明显异常，且无正当理由或者正当信息来源的；（3）在内幕信息敏感期内，与内幕信息知情人员联络、接触，从事或者明示、暗示他人从事，或者泄露内幕信息导致他人从事与该内幕信息有关的证券、期货交易，相关交易行为明显异常，且无正当理由或者正当信息来源的。

3. 交易相关性

对于交易的相关性，通常从时间吻合程度、交易背离程度和利益关联程度等方面予以认定，例如：（1）开户、销户、激活资金账户或者指定交易（托管）、撤销指定交易（转托管）的时间与该内幕信息形成、变化、公开时间基本一致；（2）资金变化与该内幕信息形成、变化、公开时间基本一致；（3）买入或者卖出与内幕信息有关的证券、期货合约时间与内幕信息的形成、变化和公开时间基本一致；（4）买入或者卖出与内幕信息有关的证券、期货合约时间与获悉内幕信息的时间基本一致；（5）买入或者卖出证券、期货合约行为明显与平时交易习惯不同；（6）买入或者卖出证券、期货合约行为，或者集中持有证券、期货合约行为与该证券、期货公开信息反映的基本面明显背离；（7）账户交易资金进出与该内幕信息知情人员或者非法获取人员有关联或者利害关系；（8）其他交易行为明显异常情形。

4. 内幕交易的豁免认定

参考最高人民法院、最高人民检察院《关于办理内幕交易、泄露内幕信息刑事案件具体应用法律若干问题的解释》第4条的规定，下列情形不属于从事与内幕信息有关的证券、期货交易：（1）持有或者通过协议、其他安排与他人共同持有上市公司5%以上股份的自然人、法人或者其他组织收购该上市公司股份的；（2）按照事先订立的书面合同、指令、计划从事相关证券、期货交易的；（3）依据已被他人披露的信息而交易的；（4）交易具有其他正当理由或者正当信息来源的。

三、信息披露违法

信息披露违法包括未按照规定披露信息与证券虚假陈述。

未按照规定披露信息是指信息披露义务人未按照规定的期限、方式等要求及时、公平披露信息。

证券虚假陈述是指信息披露义务人违反法律、行政法规、监管部门制定的规章和规范性文件关于信息披露的规定，在披露的信息中存在虚假记载、误导性陈述或者重大遗漏的行为。其中：虚假记载，是指信息披露义务人披露的信息中对相关财务数据进行重大不实记载，或者对其他重要信息作出与真实情况不符的描述。误导性陈述，是指信息披露义务人披露的信息隐瞒了与之相关的部分重要事实，或者未及时披露相关更正、确认信息，致使已经披露的信息因不完整、不准确而具有误导性。重大遗漏，是指信息披露义务人违反关于信息披露的规定，对重大事件或者重要事项等应当披露的信息未予披露。

根据最高人民法院《关于审理证券市场虚假陈述侵权民事赔偿案件的若干规定》（法释〔2022〕2 号），证券虚假陈述违法行为的认定过程中，通常需考虑的因素如下。

1. 实施日、揭露日与更正日

虚假陈述的实施日、揭露日、更正日分别为：

（1）虚假陈述实施日，是指信息披露义务人作出虚假陈述或者发生虚假陈述之日。

信息披露义务人在证券交易场所的网站或者符合监管部门规定条件的媒体上公告发布具有虚假陈述内容的信息披露文件，以披露日为实施日；通过召开业绩说明会、接受新闻媒体采访等方式实施虚假陈述的，以该虚假陈述的内容在具有全国性影响的媒体上首次公布之日为实施日。信息披露文件或者相关报道内容在交易日收市后发布的，以其后的第一个交易日为实施日。

（2）虚假陈述揭露日，是指虚假陈述在具有全国性影响的报刊、电台、电视台或监管部门网站、交易场所网站、主要门户网站、行业知名的自媒体等媒体上，首次被公开揭露并为证券市场知悉之日。

除当事人有相反证据足以反驳外，下列日期应当认定为揭露日：①监管部门以涉嫌信息披露违法为由对信息披露义务人立案调查的信息公开之日；②证券交易场所等自律管理组织因虚假陈述对信息披露义务人等责任主体采取自律管理措施的信息公布之日。

信息披露义务人实施的虚假陈述呈连续状态的，以首次被公开揭露并为证券市场知悉之日为揭露日。信息披露义务人实施多个相互独立的虚假陈述的，人民法院应当分别认定其揭露日。

（3）虚假陈述更正日，是指信息披露义务人在证券交易场所网站或者符合监管部门规定条件的媒体上，自行更正虚假陈述之日。

因未及时披露相关更正、确认信息构成误导性陈述，或者未及时披露重大事件或者重要事项等构成重大遗漏的，以应当披露相关信息期限届满后的第一个交易日为实施日。

关于揭露日和更正日的认定，虚假陈述的揭露和更正，是指虚假陈述被市场所知悉、了解，其精确程度并不以"镜像规则"为必要，不要求达到全面、完整、准确的程度。原则上，只要交易市场对监管部门立案调查、权威媒体刊载的揭露文章等信息存在明显的反应，对一方主张市场已经知悉虚假陈述的抗辩，人民法院依法予以支持。

2. 重大性

有下列情形之一的，应当认定虚假陈述的内容具有重大性：(1)虚假陈述的内容属于《证券法》第80条第2款、第81条第2款规定的重大事件；(2)虚假陈述的内容属于监管部门制定的规章和规范性文件中要求披露的重大事件或者重要事项；(3)虚假陈述的实施、揭露或者更正导致相关证券的交易价格或者交易量产生明显的变化。上述第(1)(2)项所列情形，被告提交证据足以证明虚假陈述并未导致相关证券交易价格或者交易量明显变化的，人民法院应当认定虚假陈述的内容不具有重大性。被告能够证明虚假陈述不具有重大性，并以此抗辩不应当承担民事责任的，人民法院应当予以支持。

3. 交易因果关系

原告能够证明下列情形的，人民法院应当认定原告的投资决定与虚假陈述之间的交易因果关系成立：(1)信息披露义务人实施了虚假陈述；(2)原告交易的是与虚假陈述直接关联的证券；(3)原告在虚假陈述实施日之后、揭露日或更正日之前实施了相应的交易行为，即在诱多型虚假陈述中买入了相关证券，或者在诱空型虚假陈述中卖出了相关证券。

被告能够证明下列情形之一的，人民法院应当认定交易因果关系不成立：(1)原告的交易行为发生在虚假陈述实施前，或者是在揭露或更正之后；(2)原告在交易时知道或者应当知道存在虚假陈述，或者虚假陈述已经被证券市场广泛知悉；(3)原告的交易行为是受到虚假陈述实施后发生的上市公司的收购、重大资产重组等其他重大事件的影响；(4)原告的交易行为构成内幕交易、操纵证券市场等证券违法行为的；(5)原告的交易行为与虚假陈述不具有交易因果关系的其他情形。

4. 过错认定

过错,包括以下两种情形:(1)行为人故意制作、出具存在虚假陈述的信息披露文件,或者明知信息披露文件存在虚假陈述而不予指明、予以发布;(2)行为人严重违反注意义务,对信息披露文件中虚假陈述的形成或者发布存在过失。

董事、监事、高级管理人员和其他直接责任人员主张对虚假陈述没有过错的,应当根据其工作岗位和职责、在信息披露资料的形成和发布等活动中所起的作用、取得和了解相关信息的渠道、为核验相关信息所采取的措施等实际情况进行审查认定。但仅以其不从事日常经营管理、无相关职业背景和专业知识、相信发行人或者管理层提供的资料、相信证券服务机构出具的专业意见等理由主张其没有过错的,人民法院不予支持。

对于董事、监事、高级管理人员和其他直接责任人员需要签署书面确认意见、书面审核意见的情形,上述人员以书面方式发表附具体理由的意见并依法披露的,人民法院可以认定其主观上没有过错,但在审议、审核信息披露文件时投赞成票的除外。

5. 损失认定

信息披露义务人在证券交易市场承担民事赔偿责任的范围,以投资者因虚假陈述而实际发生的损失为限。投资者实际损失包括投资差额损失、投资差额损失部分的佣金和印花税。

投资损失的计算期间为投资差额损失计算的基准日,即在虚假陈述揭露或更正后,为将投资者应获赔偿限定在虚假陈述所造成的损失范围内,确定损失计算的合理期间而规定的截止日期。

在采用集中竞价的交易市场中,自揭露日或更正日起,被虚假陈述影响的证券集中交易累计成交量达到可流通部分100%之日为基准日。

自揭露日或更正日起,集中交易累计换手率在10个交易日内达到可流通部分100%的,以第10个交易日为基准日;在30个交易日内未达到可流通部分100%的,以第30个交易日为基准日。

虚假陈述揭露日或更正日起至基准日期间每个交易日收盘价的平均价格,为损失计算的基准价格。

在采用集中竞价的交易市场中,原告因虚假陈述买入相关股票所造成的投资差额损失,按照下列方法计算:(1)原告在实施日之后、揭露日或更正日之前买入,在揭露日或更正日之后、基准日之前卖出的股票,按买入股票的平均价格与卖出股票的平均价格之间的差额,乘以已卖出的股票数量;(2)原告在实施日之后、揭露日或更正日之前买入，基准日之前未卖出的股票，按买入股票的平均价格与基准价格之间的差额，乘以未卖出的股票数量。

在采用集中竞价的交易市场中，原告因虚假陈述卖出相关股票所造成的投资差额损失，按照下列方法计算：(1)原告在实施日之后、揭露日或更正日之前卖出，在揭露日或更正日之后、基准日之前买回的股票，按买回股票的平均价格与卖出股票的平均价格之间的差额，乘以买回的股票数量；(2)原告在实施日之后、揭露日或更正日之前卖出，基准日之前未买回的股票，按基准价格与卖出股票的平均价格之间的差额，乘以未买回的股票数量。

6. 市场风险因素的影响

鉴于股票交易市场的交易价格受多重因素影响，在判断投资者是否因证券虚假陈述受到损失以及受到的损失多少时，通常还需要论证投资者的损失与证券虚假陈述行为之间的因果关系、投资者损失与市场风险因素之间的关系等因素。

四、操纵市场

操纵市场通常从操纵手段、对交易价格或交易量的影响来分析。

1. 操纵手段

操纵市场是指操纵证券、期货市场，影响证券、期货交易价格或者证券、期货交易量的行为。常见的市场操纵手段包括：

(1)单独或者通过合谋，集中资金优势、持股优势或者利用信息优势联合或者连续买卖；

(2)与他人串通，以事先约定的时间、价格和方式相互进行证券交易；

(3)在自己实际控制的账户之间进行证券交易；

(4)不以成交为目的，频繁或者大量申报并撤销申报；

(5)利用虚假或者不确定的重大信息，诱导投资者进行证券交易；

(6)对证券、发行人公开作出评价、预测或者投资建议，并进行反向证券交易；

(7)利用在其他相关市场的活动操纵证券市场。

操纵市场的其他手段主要包括：

(1)利用虚假或者不确定的重大信息，诱导投资者作出投资决策，影响证券、期货交易价格或者证券、期货交易量，并进行相关交易或者谋取相关利益的；

(2)通过对证券及其发行人、上市公司、期货交易标的公开作出评价、预测或者投资建议,误导投资者作出投资决策,影响证券、期货交易价格或者证券、期货交易量,并进行与其评价、预测、投资建议方向相反的证券交易或者相关期货交易的;

(3)通过策划、实施资产收购或者重组、投资新业务、股权转让、上市公司收购等虚假重大事项,误导投资者作出投资决策,影响证券交易价格或者证券交易量,并进行相关交易或者谋取相关利益的;

(4)通过控制发行人、上市公司信息的生成或者控制信息披露的内容、时点、节奏,误导投资者作出投资决策,影响证券交易价格或者证券交易量,并进行相关交易或者谋取相关利益的;

(5)不以成交为目的,频繁申报、撤单或者大额申报、撤单,误导投资者作出投资决策,影响证券、期货交易价格或者证券、期货交易量,并进行与申报相反的交易或者谋取相关利益的;

(6)通过囤积现货,影响特定期货品种市场行情,并进行相关期货交易的。

2. 对证券交易价格或者证券交易量的影响

行为人的行为致使证券交易出现下列情形之一的,可认定为影响证券交易价格或者证券交易量:

(1)致使新股或其他证券上市首日出现交易异常的;

(2)致使相关证券当日价格达涨幅限制价位或跌幅限制价位或形成虚拟的价格水平,或者致使相关证券当日交易量异常放大或萎缩或形成虚拟的交易量水平的;

(3)致使相关证券的价格走势明显偏离可比指数的;

(4)致使相关证券的价格走势明显偏离发行人基本面情况的;

(5)证券交易所交易规则规定的影响证券交易价格或者证券交易量的情形。

3. 不构成操纵的行为以及从轻、减轻或不予处罚的情形

上市公司、上市公司控股股东或其他市场参与人,依据法律、行政法规和规章的规定,进行下列市场操作的,不构成操纵行为:(1)上市公司回购股份;(2)上市公司控股股东及相关股东为履行法定或约定的义务而交易上市公司股份。

有下列情形之一的,应当依法从轻或者减轻处罚:(1)主动消除或者减轻操纵行为危害后果的;(2)受他人胁迫有操纵行为的;(3)配合证券监管机关调查且有立功表现的;(4)其他依法从轻或者减轻行政处罚的。

操纵行为轻微并及时纠正,没有造成危害后果的,依法不予行政处罚。

第三章　证券市场常见违法行为的责任主体及其责任

上市公司的控股股东、实际控制人、董事、监事、高级管理人员(以下统称管理层)作为公司的所有者或高层管理团队,负责公司事务的经营、管理和决策,在公司的经营管理、规范运作、中小股东权益保护、投资者关系管理等方面承担着重要的责任和义务。其中,上市公司控股股东与实际控制人往往能够主导上市公司及其董事、监事、高级管理人员的行为;而上市公司的董事、监事、高级管理人员基于股东与公司的委托,其履行职务的行为将对公司、股东及债权人产生重要影响。

中国证监会在 2022 年对违规董监高和控股股东、实际控制人及其关联方的稽查过程中,分别处分 572 人次、213 人次,同比增长分别为 8%、39%,是处分最多的两类主体。

上交所在 2022 年发出的纪律处分中,涉及上市公司 224 家,控股股东和实际控制人 103 人次,董事、监事、高级管理人员 898 人;深交所共处分上市公司 137 家,责任人员 895 人次。

可见,上市公司及其管理层是证券市场违法行为的常见责任主体。对此,中共中央办公厅、国务院办公厅于 2021 年 7 月印发的《关于依法从严打击证券违法活动的意见》指出应加大对证券发行人控股股东、实际控制人、董事、监事、高级管理人员等有关责任人证券违法行为的追责力度。

因此,在证券业务活动中,上市公司的管理层应严格遵守法律法规和行业规范,履行信息披露义务,保障投资者合法权益。

第一节 管理层的法定职责与义务

概括而言,上市公司的管理层需承担以下几个方面的法定职责与义务:

1. 遵守法律法规和行业规范。

2. 诚信经营。管理层应当诚实守信,不得利用其控制地位或职务损害公司利益或者损害其他股东、投资者的利益。

3. 信息披露义务。管理层应当及时、真实、完整、准确地披露与公司相关的信息,包括财务状况、经营情况、重大事项等,确保投资者能够充分了解公司的经营情况。

4. 维护公司治理。管理层应当推动公司建立健全的内部管理制度,保障公司经营的合法性和稳定性。

5. 保护投资者合法权益。管理层应当积极维护投资者合法权益,及时向投资者披露重要信息,确保投资者能够充分了解公司的经营情况。

6. 履行社会责任。中国证监会发布的《上市公司投资者关系管理工作指引》规定,投资者关系管理中上市公司与投资者沟通的内容是环境、社会和公司治理信息(Environment,Social and Governance,ESG)。ESG 不仅反映了公司的社会责任和治理水平,也越发作为企业可持续发展的重要自驱力,甚至将可能成为未来融资过程中的重要评判标准与市场竞争中的准入标准之一。

与上述义务相对应,上市公司管理层的责任也主要表现在以下几个方面:

1. 违规行为责任。管理层需要遵守相关法律法规和交易所规则,不得从事任何违法违规行为。如果管理层违反了相关法律法规和交易所规则,导致投资者遭受经济损失,将可能会被追究法律责任。例如,如果管理层在内幕交易中获得了非法利益,导致投资者误判公司的经营状况,从而购买了该公司的股票,那么投资者可以提起诉讼,要求相关责任主体承担相应的赔偿责任。

2. 信息披露责任。上市公司管理层需要对公司的重要信息或其所持有的公司股份情况进行充分的信息披露。如果董监高未能履行其信息披露义务,导致投资者做出错误的投资决策,那么董监高可能会被追究法律责任。例如,如果董监高未及时、真实、准确、完整的披露公司财务状况或重要事项,导致投资者误判公司的经营状况,从而购买了该公司的股票,那么投资者可以提起诉讼,要求相关责任主体承担相应的赔偿责任。

3. 公司治理责任。作为上市公司的管理层,需要确保公司治理的有效性和透明度。如果管理层未能履行其公司治理职责，导致公司出现重大违法违规行为，将可能会被追究法律责任。例如，如果管理层未能有效监督公司内部控制制度的实施，导致公司出现财务舞弊等问题，那么投资者可以提起诉讼，要求相关责任主体承担相应的赔偿责任。

总之，控股股东、实际控制人、董事、监事、高级管理人员在证券业务活动中需要遵守法律法规和行业规范，履行信息披露义务，保障投资者合法权益。如果违反了相关法律法规或者行业规范，将可能承担相应的法律责任。因此，上市公司及其相关人员应当严格遵守法律法规和行业规范，加强内部管理和风险控制，提高信息披露的质量和透明度，维护证券市场的稳定和健康发展。

第二节　管理层法律责任的具体表现

上市公司管理层的职责与义务一方面表现在公司日常运营过程中，另一方面表现在证券业务活动中。对此，我们对《公司法》《证券法》《刑法》等法律法规规定的管理层的主要义务、违法行为及其相关的法律后果进行了简要梳理。

一、管理层在上市公司日常运营中主要义务和责任

1. 公司控股股东、实际控制人

作为公司股东，上市公司控股股东与实际控制人需遵守以下规定：

(1)应当遵守法律、行政法规和公司章程，依法行使股东权利，不得滥用股东权利损害公司或者其他股东的利益；不得滥用公司法人独立地位和股东有限责任损害公司债权人的利益；

(2)不得利用其关联关系损害公司利益；

(3)对作为出资的非货币财产应当评估作价，核实财产，不得高估或者低估作价；

(4)不得抽逃出资；

(5)公司弥补亏损和提取公积金后所余税后利润方可向股东进行分配。

与上述违法行为相对应：

(1)公司股东滥用股东权利给公司或者其他股东造成损失的，应当依法承担赔偿责任。公司股东滥用公司法人独立地位和股东有限责任，逃避债务，严重损害公司债权人利益的，应当对公司债务承担连带责任；

(2)利用其关联关系损害公司利益,给公司造成损失的,应当承担赔偿责任;

(3)公司的发起人、股东虚假出资,未交付或者未按期交付作为出资的货币或者非货币财产的,由公司登记机关责令改正,处以虚假出资金额5%以上15%以下的罚款;

(4)公司的发起人、股东在公司成立后,抽逃其出资的,由公司登记机关责令改正,处以所抽逃出资金额5%以上15%以下的罚款;

(5)股东会、股东大会或者董事会在公司弥补亏损和提取法定公积金之前向股东分配利润的,股东必须将违反规定分配的利润退还公司。

2. 上市公司董事、监事、高级管理人员

《公司法》规定,管理层对公司负有忠实义务和勤勉义务,不得利用职权收受贿赂或者其他非法收入,不得侵占公司的财产,不得利用其关联关系损害公司利益。

忠实义务包括但不限于以下情形:

(1)侵占公司财产、挪用公司资金;

(2)将公司资金以其个人名义或者以其他个人名义开立账户存储;

(3)利用职权贿赂或者收受其他非法收入;

(4)接受他人与公司交易的佣金归为己有;

(5)擅自披露公司秘密。

勤勉义务包括但不限于以下情形:

(1)谨慎、认真、勤勉地行使公司赋予的权利,以保证公司的商业行为符合国家法律、行政法规以及国家各项经济政策的要求,商业活动不超过营业执照规定的业务范围;

(2)公平对待所有股东;

(3)及时了解公司业务经营管理状况;

(4)对公司定期报告签署书面确认意见,保证公司所披露的信息真实、准确、完整;

(5)作为董事与高级管理人员,如实向监事会提供有关情况和资料,不得妨碍监事会或者监事行使职权;

(6)法律、行政法规、部门规章及公司章程规定的其他勤勉义务。

与上述义务或禁止性行为相对应,管理层通常需要承担以下责任:

(1)管理层违反对公司的忠实义务所得的收入应当归公司所有;

(2)管理层执行公司职务时违反法律、行政法规或者公司章程的规定,给公司造成损失的,应当承担赔偿责任;

(3)当管理层同时作为股东时,滥用股东权利给公司或者其他股东造成损失的,应当依法承担赔偿责任;滥用公司法人独立地位和股东有限责任,逃避债务,严重损害公司债权人利益的,应当对公司债务承担连带责任。

另外,管理层违反有关规定构成犯罪的,还需依法承担刑事责任。

二、管理层在上市公司证券业务活动中的主要义务和责任

综观我国《证券法》《刑法》及其他有关法律法规、司法解释的规定,上市公司管理层需要承担责任的情形主要包括以下情形:

1. 擅自或变相公开发行证券。对直接负责的主管人员和其他直接责任人员给予警告,并处以 50 万元以上 500 万元以下的罚款。[①]

2. 欺诈发行。发行人的控股股东、实际控制人组织、指使从事欺诈发行违法行为的,没收违法所得,并处以违法所得 10%以上 1 倍以下的罚款;没有违法所得或者违法所得不足 2000 万元的,处以 200 万元以上 2000 万元以下的罚款。[②] 对直接负责的主管人员和其他直接责任人员,处以 100 万元以上 1000 万元以下的罚款。[③] 数额巨大、后果严重或者有其他严重情节的,构成欺诈发行证券罪。

3. 擅自改变募集资金用途。发行人的控股股东、实际控制人从事或者组织、指使从事擅自改变公开发行所募资金用途的,给予警告,并处以 50 万元以上 500 万元以下的罚款;对直接负责的主管人员和其他直接责任人员给予警告,并处以 10 万元以上 100 万元以下的罚款。[④]

4. 对在限制转让期内转让证券,或者转让股票不符合规定的,责令改正,给予警告,没收违法所得,并处以买卖证券等值以下的罚款。[⑤]

5. 短线交易。对违反规定实施短线交易的,短线交易所得收益归该公司所有,公司董事会应当收回其所得收益。[⑥] 董事会不依法收回所得收益的,股东有权直接提起诉讼,负有责任的董事依法承担连带责任。[⑦] 对违反规定实施短线

---

① 参见《证券法》第 180 条。
② 参见《证券法》第 181 条。
③ 参见《证券法》第 181 条第 1 款。
④ 参见《证券法》第 185 条。
⑤ 参见《证券法》第 186 条。
⑥ 参见《证券法》第 44 条第 1 款。
⑦ 参见《证券法》第 44 条第 2 款、第 3 款。

交易的人员给予警告,并处10万~100万元罚款。①

6. 内幕交易。对进行内幕交易的违法行为,内幕交易行为给投资者造成损失的,应当依法承担赔偿责任。② 责令依法处理非法持有的证券,没收违法所得,并处以违法所得1倍以上10倍以下的罚款;没有违法所得或者违法所得不足50万元的,处以50万元以上500万元以下的罚款。③ 情节严重的,构成内幕交易、泄露内幕信息罪。④

7. 违规收购。收购人未按照规定履行上市公司收购的公告、发出收购要约义务的,责令改正,给予警告,并处以50万元以上500万元以下的罚款。对直接负责的主管人员和其他直接责任人员给予警告,并处以20万元以上200万元以下的罚款。⑤

8. 操纵市场。操纵市场给投资者造成损失的,依法承担赔偿责任。⑥ 对于违反《证券法》第55条规定,操纵证券市场的,责令依法处理其非法持有的证券,没收违法所得,并处以违法所得1倍以上10倍以下的罚款;没有违法所得或者违法所得不足100万元的,处以100万元以上1000万元以下的罚款。⑦ 情节严重的,构成操纵证券市场罪。⑧

9. 编造、传播虚假信息或者误导性信息。对编造、传播虚假信息或误导性信息的违法行为,没收违法所得,并处以违法所得1倍以上10倍以下的罚款;没有违法所得或者违法所得不足20万元的,处以20万元以上200万元以下的罚款。⑨ 情节严重的,构成编造并传播证券交易虚假信息罪。⑩

10. 违规披露、不披露重要信息。违规披露、不披露重要信息,致使投资者在证券交易中遭受损失的,信息披露义务人应当承担赔偿责任;董事、监事、高级管

---

① 参见《证券法》第189条。

② 参见《证券法》第53条第3款。

③ 参见《证券法》第191条第1款。

④ 参见《刑法》第180条,最高人民检察院、公安部《关于公安机关管辖的刑事案件立案追诉标准的规定(二)》第30条。

⑤ 参见《证券法》第196条。

⑥ 参见《证券法》第55条。

⑦ 参见《证券法》第192条。

⑧ 参见《刑法》第182条,最高人民检察院、公安部《关于公安机关管辖的刑事案件立案追诉标准的规定(二)》第34条。

⑨ 参见《证券法》第193条第1款。

⑩ 参见《刑法》第181条,最高人民检察院、公安部《关于公安机关管辖的刑事案件立案追诉标准的规定(二)》第32条。

理人员和其他直接责任人员应当与发行人承担连带赔偿责任，但是能够证明自己没有过错的除外。[①] 信息披露义务人未按照规定报送有关报告或者履行信息披露义务的，责令改正，给予警告，并处以 50 万元以上 500 万元以下的罚款；对直接负责的主管人员和其他直接责任人员给予警告，并处以 20 万元以上 200 万元以下的罚款。发行人的控股股东、实际控制人组织、指使从事上述违法行为，或者隐瞒相关事项导致发生上述情形的，处以 50 万元以上 500 万元以下的罚款；[②]情节严重的，构成违规披露、不披露重要信息罪。[③]

11. 虚假陈述。信息披露义务人报送的报告或者披露的信息有虚假记载、误导性陈述或者重大遗漏的，责令改正，给予警告，并处以 100 万元以上 1000 万元以下的罚款；对直接负责的主管人员和其他直接责任人员给予警告，并处以 50 万元以上 500 万元以下的罚款。发行人的控股股东、实际控制人组织、指使从事上述违法行为，或者隐瞒相关事项导致发生上述情形的，处以 100 万元以上 1000 万元以下的罚款。[④] 情节严重的，构成违规披露、不披露重要信息罪。

12. 未履行公开承诺。不履行承诺给投资者造成损失的，应当依法承担赔偿责任。[⑤]

13. 违规征集股东权利。公开征集股东权利违反法律、法规或者国家证券监督管理机构有关规定导致上市公司或者其股东遭受损失的，应当依法承担赔偿责任。[⑥] 违反《证券法》第 90 条规定征集股东权利的，责令改正，给予警告，可以处 50 万元以下的罚款。[⑦]

14. 出借自己的证券账户或者借用他人的证券账户从事证券交易。对于此种违法行为，责令改正，给予警告，可以处 50 万元以下的罚款。[⑧]

15. 拒绝、阻碍证券监督管理机构及其工作人员依法行使监督检查、调查职权，由证券监督管理机构责令改正，处以 10 万元以上 100 万元以下的罚款，并由

---

① 参见《证券法》第 85 条。

② 参见《证券法》第 197 条第 1 款。

③ 参见《刑法》第 161 条，最高人民检察院、公安部《关于公安机关管辖的刑事案件立案追诉标准的规定（二）》第 6 条。

④ 参见《证券法》第 197 条第 2 款。

⑤ 参见《证券法》第 84 条第 2 款。

⑥ 参见《证券法》第 90 条第 4 款。

⑦ 参见《证券法》第 199 条。

⑧ 参见《证券法》第 195 条。

公安机关依法给予治安管理处罚。[①]

第三节 证券违法行为对上市公司及其管理层的影响

一、对上市公司的影响

上市公司的管理层作为负责上市公司经营、管理和决策的主管人员或直接负责的人员，如果存在证券违法行为将可能对上市公司的证券业务活动产生重大不利影响，主要体现如下：

1. 对公开发行证券的影响

作为公司公开发行证券（包括公开发行股票、发行可转换公司债券）的条件之一，《上市公司证券发行管理办法》第 6 条规定，发行人现任董事、监事和高级管理人员具备任职资格，能够忠实和勤勉地履行职务，不存在违反《公司法》第 147 条[②]、第 148 条[③]规定的行为，且最近 36 个月内未受到过中国证监会的行政处罚、最近 12 个月内未受到过证券交易所的公开谴责。同时，该办法第 11 条规定，上市公司及其控股股东或实际控制人最近 12 个月内存在未履行向投资者作出的公开承诺的行为的以及现任董事、高级管理人员因涉嫌犯罪被司法机关立案侦查或涉嫌违法违规被中国证监会立案调查的，不得公开发行证券。

2. 对非公开发行股票的影响

根据《上市公司证券发行管理办法》第 39 条的规定，上市公司存在下列情形之一的，不得非公开发行股票：上市公司的权益被控股股东或实际控制人严重损害且尚未消除的；现任董事、高级管理人员最近 36 个月内受到过中国证监会的行政处罚，或者最近 12 个月内受到过证券交易所公开谴责；上市公司或其现任董事、高级管理人员因涉嫌犯罪正被司法机关立案侦查或涉嫌违法违规正被

---

① 参见《证券法》第 218 条。

② 由于《上市公司证券发行管理办法》尚未根据 2023 年最新《公司法》进行修订，《上市公司证券发行管理办法》第 6 条索引的第 147 条关于公司董监高对公司所负忠实义务、勤勉义务的规定对应于 2023 年新修《公司法》第 180 条。

③ 现行《公司法》第 148 条规定了公司董监高违反对公司所负忠实义务的具体情形，2023 年最新《公司法》对此做出了修订，在第 181 条列举如下：(1)侵占公司财产、挪用公司资金；(2)将公司资金以其个人名义或者以其他个人名义开立账户存储；(3)利用职权贿赂或者收受其他非法收入；(4)接受他人与公司交易的佣金归为己有；(5)擅自披露公司秘密；(6)违反对公司忠实义务的其他行为。

中国证监会立案调查。

3. 对上市公司收购与管理层收购的影响

根据《上市公司收购管理办法》第 7 条的规定，被收购公司的控股股东或者实际控制人不得滥用股东权利损害被收购公司或者其他股东的合法权益。

被收购公司的控股股东、实际控制人及其关联方有损害被收购公司及其他股东合法权益的，上述控股股东、实际控制人在转让被收购公司控制权之前，应当主动消除损害；未能消除损害的，应当就其出让相关股份所得收入用于消除全部损害做出安排，对不足以消除损害的部分应当提供充分有效的履约担保或安排，并依照公司章程取得被收购公司股东大会的批准。

根据《上市公司收购管理办法》第 51 条的规定，上市公司董事、监事、高级管理人员、员工或者其所控制或者委托的法人或者其他组织，拟对上市公司进行收购或者通过间接收购的方式取得上市公司控制权（以下简称管理层收购）的，如果上市公司董事、监事、高级管理人员存在《公司法》第 148 条规定的违反对公司所负忠实义务的情形，或者最近 3 年有证券市场不良诚信记录的，不得收购本公司。

根据《上市公司收购管理办法》第 53 条的规定，控股股东及其关联方未清偿其对公司的负债，未解除公司为其负债提供的担保，或者存在损害公司利益的其他情形的，被收购公司董事会应当对前述情形及时予以披露，并采取有效措施维护公司利益。

根据《上市公司收购管理办法》第 79 条的规定，上市公司控股股东和实际控制人在转让其对公司的控制权时，未清偿其对公司的负债，未解除公司为其提供的担保，或者未对其损害公司利益的其他情形作出纠正的，中国证监会责令改正、责令暂停或者停止收购活动。

根据《上市公司收购管理办法》第 80 条的规定，上市公司董事未履行忠实义务和勤勉义务，利用收购谋取不当利益的，中国证监会采取监管谈话、出具警示函等监管措施，可以认定为不适当人选。因此，上市公司可能因董事、监事、高级管理人员的违法违规行为而无法进行管理层收购。

4. 对重大资产重组的影响

根据《上市公司重大资产重组管理办法（2023 年修订）》第 13 条的规定，上市公司实施“借壳上市”，需满足以下条件：（1）上市公司及其最近 3 年内的控股股东、实际控制人不存在因涉嫌犯罪正被司法机关立案侦查或涉嫌违法违规正被中国证监会立案调查的情形。但是，涉嫌犯罪或违法违规的行为已经终止满

3 年，交易方案能够消除该行为可能造成的不良后果，且不影响对相关行为人追究责任的除外。(2)上市公司及其控股股东、实际控制人最近 12 个月内未受到证券交易所公开谴责，不存在其他重大失信行为。

根据《上市公司重大资产重组管理办法(2023 年修订)》第 43 条的规定，“上市公司发行股份购买资产，应当符合下列规定：……(三)上市公司及其现任董事、高级管理人员不存在因涉嫌犯罪正被司法机关立案侦查或涉嫌违法违规正被中国证监会立案调查的情形，但是，涉嫌犯罪或违法违规的行为已经终止满三年，交易方案有助于消除该行为可能造成的不良后果，且不影响对相关行为人追究责任的除外”。

根据《上市公司监管指引第 7 号——上市公司重大资产重组相关股票异常交易监管》第 6 条、第 7 条、第 13 条的规定，上市公司董事、监事、高级管理人员因涉嫌重大资产重组相关的内幕交易被立案调查或者立案侦查的，自立案之日起至责任认定前不得参与任何上市公司的重大资产重组。中国证监会作出行政处罚或者司法机关依法追究刑事责任的，上述主体自中国证监会作出行政处罚决定或者司法机关作出相关裁判生效之日起至少 36 个月内不得参与任何上市公司的重大资产重组。

5. 对管理层稳定性的影响

如果上市公司控股股东或实际控制人因违法违规被判处刑罚、被行政处罚、被采取不得担任上市公司董事、监事、高级管理人员的市场禁入措施，被证券交易所公开认定为不适合担任上市公司董事、监事、高级管理人员等将可能导致上市公司控股股东或实际控制人无法正常履职，甚至失去对上市公司的控制。

根据《公司法》第 178 条的规定，存在因贪污、贿赂、侵占财产、挪用财产或者破坏社会主义市场经济秩序，被判处刑罚，或者因犯罪被剥夺政治权利，执行期满未逾 5 年，被宣告缓刑的，自缓刑考验期之日起未逾 2 年，不得担任公司的董事、监事、高级管理人员。

同时，根据《上海证券交易所上市公司自律监管指引第 1 号——规范运作》等有关规范性文件的规定，存在下列情形的，不得被提名担任上市公司董事、监事和高级管理人员：被中国证监会采取不得担任上市公司董事、监事、高级管理人员的市场禁入措施，期限尚未届满；被证券交易所公开认定为不适合担任上市公司董事、监事、高级管理人员，期限尚未届满；最近 36 个月内受到中国证监会行政处罚；最近 36 个月内受到证券交易所公开谴责或者 2 次以上通报批评。

6. 可能引发强制退市并影响重新上市

上市公司控股股东或实际控制人的违法行为往往导致上市公司构成欺诈发行、重大信息披露违法或者其他严重损害证券市场秩序的行为，进而可能触发证券交易所规范类强制退市或重大违法类强制退市的规定。退市后，如果发行人申请股票重新上市的，需满足公司及其控股股东、实际控制人最近3年不存在贪污、贿赂、侵占财产、挪用财产或者破坏社会主义市场经济秩序的刑事犯罪。

此外，上市公司存在欺诈发行、重大信息披露违法或者其他严重损害证券市场秩序的行为往往伴随上市公司董事、监事、高级管理人员的违法责任，进而可能触发证券交易所规范类强制退市或重大违法类强制退市的规定。退市后，如果发行人申请股票重新上市的，需满足公司董事、监事和高级管理人员具备法律法规及证券交易所规定的任职资格，且不存在影响其任职的情形。影响其任职的情形包括：被中国证监会采取证券市场禁入措施尚在禁入期的；最近36个月内受到中国证监会行政处罚，或者最近12个月内受到证券交易场所公开谴责；因涉嫌犯罪被司法机关立案侦查或者涉嫌违法违规被中国证监会立案调查，尚未有明确结论意见等情形。

二、对上市公司管理层的影响

1. 影响董监高任职资格

根据《公司法》第178条的规定，因贪污、贿赂、侵占财产、挪用财产或者破坏社会主义市场经济秩序，被判处刑罚，或者因犯罪被剥夺政治权利，执行期满未逾5年，被宣告缓刑的，自缓刑考验期满之日起未逾2年的，不得担任公司董事、监事、高级管理人员。

根据上交所与深交所的《股票上市规则》的规定，影响公司董事、监事和高级管理人员任职资格的情形包括：被中国证监会采取证券市场禁入措施，期限尚未届满；最近36个月内受到中国证监会行政处罚，或者最近12个月内受到证券交易场所公开谴责；因涉嫌犯罪被司法机关立案侦查或者涉嫌违法违规被中国证监会立案调查，尚未有明确结论意见。如果最近3年受到过证券交易所公开谴责或者3次以上通报批评的，还不得担任上市公司独立董事。

此外，《上海证券交易所上市公司自律监管指引第1号——规范运作》董事、监事和高级管理人员候选人存在下列情形之一的，不得被提名担任上市公司董事、监事和高级管理人员：《公司法》规定不得担任董事、监事、高级管理人员的情形;被中国证监会采取不得担任上市公司董事、监事、高级管理人员的市场禁入措施,期限尚未届满;被证券交易所公开认定为不适合担任上市公司董事、监事、高级管理人员,期限尚未届满;最近36个月内受到中国证监会行政处罚;最近36个月内受到证券交易所公开谴责或者2次以上通报批评;法律法规、本所规定的其他情形。上述期间,应当以董事、监事和高级管理人员候选人经公司有权机构聘任议案审议通过的日期为截止日。

深交所相关规范运作指引中,也存在上述类似规定。

2. 不得减持

《上市公司股东、董监高减持股份的若干规定》规定,具有下列情形之一的,上市公司大股东不得减持股份:

(1)上市公司或者大股东因涉嫌证券期货违法犯罪,在被中国证监会立案调查或者被司法机关立案侦查期间,以及在行政处罚决定、刑事判决作出之后未满6个月的。

(2)大股东因违反证券交易所规则,被证券交易所公开谴责未满3个月的。

(3)中国证监会规定的其他情形。

具有下列情形之一的,上市公司董监高不得减持股份:

(1)董监高因涉嫌证券期货违法犯罪,在被中国证监会立案调查或者被司法机关立案侦查期间,以及在行政处罚决定、刑事判决作出之后未满6个月的。

(2)董监高因违反证券交易所规则,被证券交易所公开谴责未满3个月的。

(3)中国证监会规定的其他情形。

此外,在上交所与深交所关于上市公司股东及董事、监事、高级管理人员减持股份实施细则中,还规定上市公司存在下列情形之一的,自相关决定作出之日起至公司股票终止上市或者恢复上市前,其控股股东、实际控制人、董监高及其一致行动人不得减持其持有的公司股份:

(1)上市公司因欺诈发行或者因重大信息披露违法受到中国证监会行政处罚;

(2)上市公司因涉嫌欺诈发行罪或者因涉嫌违规披露、不披露重要信息罪被依法移送公安机关。

上市公司披露为无控股股东、实际控制人的,其第一大股东及第一大股东的实际控制人应当遵守前两款对控股股东、实际控制人的相关规定。

3. 不得成为激励对象

《上市公司股权激励管理办法(2018年修正)》规定,下列人员也不得成为激励对象：

（1）最近12个月内被证券交易所认定为不适当人选；

（2）最近12个月内被中国证监会及其派出机构认定为不适当人选；

（3）最近12个月内因重大违法违规行为被中国证监会及其派出机构行政处罚或者采取市场禁入措施；

（4）具有《公司法》规定的不得担任公司董事、高级管理人员情形的；

（5）法律法规规定不得参与上市公司股权激励的；

（6）中国证监会认定的其他情形。

第四章　证券服务机构的责任

自2019年新的《证券法》实施以来，特别是以信息披露与投资者权益保护为核心的注册制实施以来，证券服务机构（主要为保荐承销机构、律师事务所、会计师事务所）在公司首次公开发行股票及上市公司证券业务活动中扮演着越来越重要的角色，同时也面临越来越严格的监管环境。中共中央办公厅、国务院办公厅于2021年7月印发的《关于依法从严打击证券违法活动的意见》指出，要加强对中介机构的监管，存在证券违法行为的，依法严肃追究机构及其从业人员责任，对参与、协助财务造假等违法行为依法从重处罚。同时，该意见还要求要加快推进相关案件调查、处罚、移送等工作。

2021年，中国证监会立案调查中介机构违法案件39起，涉及会计师事务所28起，证券公司4起，资产评估机构3起，律师事务所2起，银行承销商、评级机构各1起，涵盖首次公开发行、年报审计、并购重组、债券发行、精选层转板等业务环节，首次对银行间债券市场承销银行、评级公司立案调查。其中，年报审计仍为案发集中领域，共有16家会计师事务所在20余家公司的年报审计中涉嫌未勤勉尽责，有的1年内6次被证监会立案调查。

2022年，中国证监会立案调查中介机构未勤勉尽责案件44件，涉及36家中介机构。会计师事务所、证券公司、资产评估机构、律师事务所、信用评级机构均有涉案，提供中介服务领域包括发行上市、股票定增、债券发行、年报审计、资产重组等多种类型。调查结果表明，中介机构不仅涉案主体及案发领域更为多元,而且执业质量和程序存在缺陷。从违法行为上看,有的未按计划履行基本的尽职调查职责,未发现公司重要生产业务停产等异常状态;有的对存在舞弊迹象的业务资料未保持职业怀疑,出具存在虚假记载的报告;有的未履行编制查验计划等法定程序,未对公司主要业务合同的真实性、合法性进行必要核查;有的在没有事实依据的情况下为公司进行评级打分,出具存在虚假记载的信用评级报告;有的签字会计师未实际参与审计工作,甘当"橡皮图章";有的协助上市公司伪造协议虚增收入。

在中国证监会发布的2021年、2022年共20起证监稽查典型违法案例中,中介机构未勤勉尽责案件分别有4起和3起。

第一节　证券服务机构承担法律责任的类型

证券服务机构在证券业务活动中承担的主要责任类型也可以分为民事责任、行政责任以及刑事责任。

一、民事责任

在民事责任领域,中介机构从事证券业务法律责任主要涉及的是经济赔偿责任。从承担赔偿责任的情形来看,具体有以下几种:

1. 利用内幕信息交易引发的责任。

根据《证券法》第53条关于内幕交易的规定,中介机构及其人员作为证券服务机构和具体的从业人员,如果在执业中构成内幕信息知情人的身份,存在内幕交易行为并给投资者造成损失的,将承担赔偿责任。

2. 利用未公开信息交易引发的责任。

根据《证券法》第54条的规定,证券服务机构及其从业人员利用未公开信息进行交易给投资者造成损失的,也将承担赔偿责任。

3. 编造、传播虚假信息或者误导性信息引发的责任。

根据《证券法》第56条的规定,证券服务机构及其从业人员编造、传播虚假信息或者误导性信息,扰乱证券市场,给投资者造成损失的,应当依法承担赔偿责任。

4. 出具的文件有重大瑕疵引发的责任。这一责任是中介机构及其人员在从事证券业务时所涉及法律责任的重中之重。

从民事责任的角度来说，根据《证券法》第 163 条的规定，证券服务机构为证券的发行、上市、交易等证券业务活动制作、出具审计报告及其他鉴证报告、资产评估报告、财务顾问报告、资信评级报告或者法律意见书等文件，应当勤勉尽责，对所依据的文件资料内容的真实性、准确性、完整性进行核查和验证。其制作、出具的文件有虚假记载、误导性陈述或者重大遗漏，给他人造成损失的，应当与委托人承担连带赔偿责任，但是能够证明自己没有过错的除外。

二、行政责任

作为证券市场的“看门人”①，中介机构作为证券服务机构理论上应受到声誉机制和责任机制的双重制约。不过，我国证券服务机构面临的主要风险和外部制约实为行政责任。② 中介机构主要面临两大类行政责任：一是证监会及地方监管局作出的行政处罚，二是证监会及地方监管局进行的证券监管措施。具体如下：

1. 证券法规定的行政处罚

（1）出具的文件有重大瑕疵引发的行政处罚责任

违反《证券法》第 163 条的规定，根据该法第 213 条的规定，未勤勉尽责，所制作、出具的文件有虚假记载、误导性陈述或者重大遗漏的，责令改正，没收业务收入，并处以业务收入 1 倍以上 10 倍以下的罚款，没有业务收入或者业务收入不足 50 万元的，处以 50 万元以上 500 万元以下的罚款；情节严重的，并处暂停或者禁止从事证券服务业务。对直接负责的主管人员和其他直接责任人员给予警告，并处以 20 万元以上 200 万元以下的罚款。

（2）未及时备案引发的行政处罚责任

根据《证券法》第 160 条第 2 款的规定，从事证券投资咨询服务业务，应当经国务院证券监督管理机构核准；未经核准，不得为证券的交易及相关活动提供服务。从事其他证券服务业务，应当报国务院证券监督管理机构和国务院有关主管部门备案。从事证券服务业务未报备案的，责令改正，可以处 20 万元以下的

---

① 参见［美］约翰·C. 科菲：《看门人机制：市场中介与公司治理》，黄辉、王长河等译，北京大学出版社 2011 年版，第 3 页。

② 参见甘培忠、孔令君：《论 IPO 注册制改革背景下中介机构作用之强化》，载《法律适用》2015 年第 8 期。

罚款①。

2. 证监会证券监管措施

包括责令改正、监管谈话、出具警示函等一系列证券监管措施。并且,证券监管措施可以单独或合并使用。

3. 交易所自律监管和纪律处分

根据《深圳证券交易所自律监管措施和纪律处分实施办法》《上海证券交易所纪律处分和监管措施实施办法》《北京证券交易所自律监管措施和纪律处分实施细则》等一系列交易所文件,自律监管措施包括口头警示、书面警示、约见谈话/监管谈话、要求中介机构核查并发表意见、要求限期改正等 10 余种。纪律处分则包括通报批评、公开谴责、公开认定不适合担任相关职务等 10 余种。

三、刑事责任

随着《刑法修正案(十一)》等一系列法律法规的颁布,证券市场相关主体的刑事责任也存在从严从重的趋势。例如《刑法》第 180 条规定的内幕交易、泄露内幕信息罪,以及利用未公开信息交易罪已经广泛引起重视。而作为中介机构和从业人员,更值得关注的是《刑法》第 229 条规定的提供虚假证明文件罪、出具证明文件重大失实罪,据此法条规定,承担资产评估、验资、验证、会计、审计、法律服务、保荐、安全评价、环境影响评价、环境监测等职责的中介组织的人员故意提供虚假证明文件的,或者严重不负责任,出具的证明文件有重大失实,造成严重后果的,都将承担严重的刑事责任。

---

① 《证券法》第 213 条规定:"证券投资咨询机构违反本法第一百六十条第二款的规定擅自从事证券服务业务,或者从事证券服务业务有本法第一百六十一条规定行为的,责令改正,没收违法所得,并处以违法所得一倍以上十倍以下的罚款;没有违法所得或者违法所得不足五十万元的,处以五十万元以上五百万元以下的罚款。对直接负责的主管人员和其他直接责任人员,给予警告,并处以二十万元以上二百万元以下的罚款。会计师事务所、律师事务所以及从事资产评估、资信评级、财务顾问、信息技术系统服务的机构违反本法第一百六十条第二款的规定,从事证券服务业务未报备案的,责令改正,可以处二十万元以下的罚款。证券服务机构违反本法第一百六十三条的规定,未勤勉尽责,所制作、出具的文件有虚假记载、误导性陈述或者重大遗漏的,责令改正,没收业务收入,并处以业务收入一倍以上十倍以下的罚款,没有业务收入或者业务收入不足五十万元的,处以五十万元以上五百万元以下的罚款;情节严重的,并处暂停或者禁止从事证券服务业务。对直接负责的主管人员和其他直接责任人员给予警告,并处以二十万元以上二百万元以下的罚款。"

第二节　证券服务机构承担法律责任的典型案例

案例一：某*ST案

深圳某会计师事务所在某*ST公司年报审计中，在明知该*ST公司年报审计业务已被其他会计师事务所“拒接”的情况下，还与该*ST公司签订“抽屉”协议，承诺不在审计报告中出具“无法表示意见”或“否定意见”，并要求如果发生被监管部门处罚的情形该*ST公司应予补偿。该会计师事务所审计独立性严重缺失，审计程序存在多项缺陷，审计报告存在虚假记载和重大遗漏，缺乏应有的职业操守和底线。

2022年2月25日，上述会计师事务所因未勤勉尽责被证监会行政处罚，成为首家被“没一罚六”的会计师事务所，3名相关注册会计师同时被采取3～10年的证券市场禁入措施。2022年4月28日，该*ST公司被上交所摘牌。

该案系新《证券法》实施后中国证监会查处的备案制下首例会计师事务所执业丧失独立性未勤勉尽责案。

案例二：某股份公司财务造假案

2016年6月30日，中国证监会发布有关某股份公司财务造假案的行政处罚决定书。并以出具的《法律意见书》存在虚假记载、违反律师事务所从事证券法律业务规则等理由对该股份公司IPO业务中的律师事务所及签字律师进行处罚。然而，本案中律师涉及的“虚假陈述”实际上是基于审计报告而发表的。由于对行政处罚不服，该律师事务所及律师向法院起诉，要求撤销处罚。

然而，北京市第一中级人民法院判决认为，该律师事务所及律师仍未尽到勤勉尽责义务，认定该事务所及其律师G、律师C相关违法行为成立，中国证监会作出的行政处罚并无不当。遂一审判决驳回了三原告的诉讼请求。此后，本案经二审、再审申请程序仍然未能改变结果。该股份公司案提示中介机构承担着较为严苛的勤勉尽责义务，即便是对其他专业中介机构出具的材料也需要进行合理的查验。

案例三：某会计师事务所出具证明文件重大失实罪案

2003年9月16日，银川市中级人民法院对YGS案做出一审判决，公司董监高分别被判处有期徒刑和罚金。此外，深圳某会计师事务所合伙人刘某、徐某也因出具证明文件重大失实罪分别被判处有期徒刑二年零六个月、二年零三个月，并各处罚金3万元。YGS案是《刑法》关于出具证明文件重大失实罪的一次司法实践，中介机构及其人员在证券业务活动中因此不仅可能面临行政处罚和巨额民事赔偿，还可能因此触发刑法，承担严重的刑事责任。

结　语

上市公司具有社会责任，证券市场更需要金融秩序。然而，国内部分上市公司在资本运作时因“套路”过多，损害了投资者信心和资本市场秩序。种种“割韭菜”的新闻屡见报端，违规减持、内幕交易等证券违法违规事件频发，结果便是股市这一本应是为企业融资和股民投资而设立的平台，如今却多少沾上了圈钱游戏的色彩。资本市场是金融市场的核心，其重要性无须多言。然而，资本市场不是一个“天然”的市场，而是基于一系列复杂的规则，以及从业者对规则的实践和遵守形成的。而合规正是资本市场的重要根基。在应对外部压力和维护内部秩序的双重考验下，对证券和资本市场的改革确已刻不容缓，而证券监管机构也必然重新审视现有规则和实践，继而推出更为行之有效和雷厉风行的管理手段。为此，合规也必然是资本市场不断发展中的重要命题。身处这样的改革关头，每一个资本市场的参与者和从业者都必须对证券和资本市场合规给予足够的重视。否则，钻空子和粗线条的从业方式，将难以为正在到来的更完善同时也更严格的市场环境所容。

因此，我们用了一篇对上市公司证券违法行为的类型及其法律责任等进行了归纳总结，对其中高频、高发的违法行为进行了重点分析与风险提示，希冀能够对证券市场参与主体起到警示作用。同时，我们特别提示证券资本市场各参与主体，特别是上市公司及其控股股东、实际控制人、董监高等，能够明确自身风险与责任，持续不断加强上市公司内部控制和规范运作水平，持续不断增强自身法治意识和对投资者的敬畏意识，避免出现违法违规情况。同时,上市公司更应积极建立健全相应的内控制度和合规体系,避免违法行为导致上市公司或其控股股东、实际控制人、公司董监高等人员承担法律责任的情况出现。

衷心地希望各证券资本市场参与者在分享中国这个庞大市场发展红利的同时,更加注重遵守法律法规和合规体系建设,更加注重以信息披露和投资者利益为中心,共同维护、促进中国证券资本市场的发展。我们也相信,中国证券资本市场法律体系与法治水平会更加健全和完善,中国证券资本市场会得到更好、更大的发展。